目　录

卷　一

卷　二

卷 三

卷 四

卷 五

卷 六

奇门遁甲详解

QIMEN DUNJIA
XIANGJIE

张辉／主编　刘杰民／编

團结出版社
UNITY PRESS

图书在版编目（CIP）数据

奇门遁甲详解／张辉主编；刘杰民编．—北京：团结出版社，2010. 11
（2025. 6 重印）

ISBN 978-7-80214-690-7

Ⅰ. ①奇…　Ⅱ. ①张…　②刘…　Ⅲ. ①奇门遁甲-研究
Ⅳ. ①B992. 2

中国版本图书馆 CIP 数据核字（2010）第 198808 号

出　版：团结出版社
（北京市东城区皇城根南街 84 号　邮编：100006）
电　话：（010）65228880　65244790　（出版社）
（010）65238766　85113874　65133603（发行部）
（010）65133603　（邮购）
网　址：http：//www. tjpress. com
E-mail：65244790@163. com（出版社）
fx65133603@163. com（发行部邮购）
经　销：全国新华书店
印　刷：三河市元兴印务有限公司

开　本：710 毫米×1000 毫米　1/16
印　张：16
字　数：266 千字
版　次：2011 年 1 月　第 1 版
印　次：2025 年 6 月　第 3 次印刷

书　号：978-7-80214-690-7
定　价：31. 90 元

卷　七

卷　八

卷　九

卷 十

卷十一

卷十二

卷十三

卷十四

卷十五

卷十六

卷十七

卷一

烟波钓叟歌

阴阳逆顺妙难穷，二至还向一九宫。
若能了达阴阳理，天地都来一掌中。
轩辕黄帝战蚩尤，涿鹿经年苦未休。
偶梦天神授符诀，登坛致祭谨虔修。
神龙负图出洛水，彩凤衔书碧云里。
因命风后演成文，遁甲奇门从此始。
一千八十当时制，太公删成七十二。
逮于汉代张子房，二十八局为精艺。
先须掌上排九宫，纵横十五在其中。
次将八卦论八节，一气统三为正宗。
阴阳二遁分顺逆，一气三元人莫测。
五日都来接一元，接气超神为准的。
认取九宫分九星，八门又逐九宫行。
九星逢甲为直符，八门直使自分明。
符上之门为直使，十时一位堪凭据。
值符常遣加时干，值使逆顺遁宫去。
六甲元号六仪名，三奇即是乙丙丁。
阳遁顺仪奇逆布，阴遁逆仪奇顺行。
吉门偶尔合三奇，值此须云百事宜。
更合从旁加检点，余宫不可有微疵。
三奇得使诚堪使，六甲遇之非小补。

乙逢犬马丙鼠猴，六丁玉女骑龙虎。
又有三奇游六仪，号为玉女守门扉。
若遇阴私和合事，请君但向此中推。
天三门兮地四户，问君此法如何处。
大冲小吉与从魁，此是天门私出路。
地户除危定与开，举事皆从此中去。
六合太阴太常君。三辰元是地私门。
更得奇门相照耀，出拜百事总欣欣。
太冲天马最为贵，卒然有难宜逃避。
但当乘取天马行，剑戟如山不足畏。
三为生气五为死，胜在三兮衰在五。
能识游三避五时，造化真机须记取。
就中伏吟为最凶，天蓬加着地天蓬。
天蓬若到天英上，须知即是反吟宫。
八门反复皆如此，生在生兮死在死。
纵有吉宿得奇门，万事皆凶不堪使。
六仪击刑何太凶。甲子值符愁向东。
戌刑在未申刑虎，寅巳辰辰午刑午。
三奇入墓好思推，甲日哪堪相见未。
丙奇属火火墓戌，此时诸事不须为。
更兼六乙来临二，月奇临六亦同论。
又有时干入墓宫，课中时下忌相逢。
戊戌壬辰兼丙戌，癸未丁丑亦同凶。
五不遇时龙不精，号为日月损光明。
时干来克日干上，甲日须知时忌庚。
奇与门兮共太阴，三般难得总加临。
若还得二亦为吉；举措行藏必遂心。
更得值符值使利，兵家用事最为贵。
常从此地击其冲，百战百胜君须记。
天乙之神所在宫，太将宜居击对冲。
假令值符居离九，天英坐取击天蓬。
甲乙丙丁戊阳时，神居天上要君知。

坐击须凭天上奇，阴时地下亦如之。
若见三奇在五阳，偏宜为客自高强。
忽然逢着五阴位，又宜为主好裁详。
值符前三六合位，太阴之神在前二。
后一宫中为九天，后二之神为九地。
九天之上好扬兵，九地潜藏可立营。
伏兵但向太阴位，若逢六合利逃形。
天地人分三遁名，天遁月精华盖临。
地遁日精紫云祥，人遁当知是太阴。
开门六丙合六丁，此为天遁自分明。
开门六乙合六己，地遁如斯而已矣。
休门六丁共太阴，欲求人遁无过此。
要知三遁何所宜，藏形遁迹斯为美。
庚为太白丙荧惑，庚丙相加谁会得。
六庚加丙白入荧，六丙加庚荧入白。
白入荧兮贼即来，荧入门兮贼须灭。
丙为勃兮庚为格，格则不通勃乱逆。
天丙加地庚为勃，天庚加地癸为格。
丙加天乙为勃符，天乙加丙为正格。
庚加日干为伏干，日干加庚飞干格。
加一宫兮战在野，同一宫兮战于国。
庚加值符天乙伏，值符加庚天乙飞。
庚加癸兮为大格，加己为刑最不宜。
加壬之时为上格，又兼岁月日时移。
更有一般奇格者，六庚谨勿加三奇。
此时若也行兵去，匹马只轮无返期。
六癸加丁蛇夭矫，六丁加癸雀入江。
六乙加辛龙逃走，六辛加乙虎猖狂。
请观四者是凶神，百事逢之莫措手。
丙加甲兮鸟跌穴，甲加丙兮龙回首。
只此二者是吉神，为事如意十八九。
八门若遇开休生，诸事逢之总称情。

伤宜捕猎终须获，杜好邀遮及隐形。
景上投出并破阵，惊能擒讼有声名。
若问死门何所主，只宜吊死与行刑。
蓬任冲辅禽阳星，英芮柱心阴宿名。
辅禽心星为上吉，冲任小吉未全亨。
大凶逢芮不堪遇，小凶英柱不精明。
大凶无气变为吉，小凶无气一同之。
吉宿更能逢旺相，万举万全必成功。
若遇休囚并废没，劝君不必进前程。
要识九星配五行，各随八卦考羲经。
坎蓬星水离英火，中宫坤艮土为营。
乾兑为金震巽木，旺相休囚看重轻。
与我同行即为相，我生之月诚为旺。
废于父母休于财，囚于鬼兮真不妄。
假令水宿号天蓬，相在初冬与仲冬。
旺于正二休四五，其余仿此自研究。
急则从神缓从门，三五反复天路亨。
十干加伏若加错，入库休囚吉事危。
十精为使用为贵，起宫天乙用无遗。
天自为客地为主，六甲推兮无差理。
劝君莫失此玄机，洞彻九宫扶明主。
宫制其门不为迫，门制其宫是迫雄。
天网四张无路走，一二网低有路通。
三至四宫行入墓，八九高强任西东。
节气推移时候定，阴阳顺逆要精通。
三元积数成六纪，天地未成有一理。
请观歌里精微诀，非是贤人莫传与。

白话译释

上古黄帝轩辕氏在涿鹿这个地方与蚩尤进行大会战，厮杀了很多年战事都未能结束。有一天，他做了一个梦，梦见天神向他传授符咒，得到符咒之后。他命令风后根据“河图”和“洛书”推演成一种法术，这就是奇门遁甲，于是他就登上祭坛，祭祀天神，恭敬而真诚地进行修练。

“河图”是神龙从洛水出来之后才发现的，“洛书”是彩凤从碧云之中降临人间才得到的。

大禹命风后演成《奇门遁甲》一书之后，专门遁甲术就创立了。

风后构拟局数共计一千零八十个，后来传到姜太公，他删繁就简，将一千零八十局简化为七十二局。到了汉代，刘邦的谋臣张良又进一步简化，成十八局，即阳遁九局，阴遁九局。

奇门遁甲术排局，是把后天八卦和洛书相配合，四正卦即震、离、兑、坎，分别为震东三；离南九、兑西七、坎北一；四隅卦即艮、巽、坤、乾，分别为艮东北八，巽东南四，坤西南二，乾西北六。中为五。依上，把九宫排在掌上进行推演。以上排定后，纵向和横向之数的和均为十五。

其次是把八卦跟二十四节配合，并以一个节气统领包括这一节气在内的三个节气。

从冬至到芒种用阳遁，阳遁是顺布六仪，逆布三奇；从夏至到大雪用阴遁，阴遁是逆布六仪，顺布三奇。奇门遁甲术以五日为一元，一个节气十五日，共三元；三元分别称为上元、中元、下元。

每五日为一元，把每个节气的上元第一天的干支称为符头。这里气指节气，神指符头。

九星即天蓬、天任、天冲、天辅、天英、天芮、天柱、天心、天禽，与九宫配合，每星主一宫，即天蓬星主坎一宫，天任星主艮八宫，天冲星主震三宫，天辅星主巽四宫，天英星主离九宫，天芮星主坤二宫，天柱星主兑七宫，天心星主乾六宫，而天禽星主中孟宫寄予坤二宫。八门即休门、生门、伤门、杜门、景门、死门、惊门、开门，在九星之后也配入宫，即休门配入坎一宫，生门配入艮八宫，伤门配入震三宫；杜门配入巽四宫，景门配入离九宫，死门配入坤二宫，慷门配入兑七宫，开门配入乾六宫。

乙、丙、丁在五阳干即时干的甲、乙、丙、丁、戊，也是如此，但是如果忽逢时干的已、庚、辛、壬、癸这五个阴干，利为主，打仗应固守不出，待机后动。

直符在前，三位为六合神之位，太阳神居二位，九天神在后一宫之位。九地神在后二宫之位、八神从直符起，其顺序为直符、雘蛇、太阴、六合、勾陈、朱雀、九地、九天是说八神中四吉神即大阴、六合、九天、九地的位

置或排列顺序。

九天所临之宫宜于出兵进击，九地之宫宜于屯兵固守，太阴之宫可埋伏重兵，六合之宫利于退兵转移。

九遁之中，最重要的是天遁、地遁、人遁。九遁为：天遁、地遁、人遁、云遁、风遁、虎遁、龙遁、神遁、鬼遁。

生门合天盘丙奇，下临地盘丁奇，这就是天遁。

开门合天盘乙奇，下临地盘六己，这就是地遁。

休门合天盘丁奇，又合神盘太阴，这就是人遁。

天遁、地遁、人遁既宜隐藏形迹，又宜行百事，吉无不利。

庚为太白金星，丙为荧惑火星，天盘六庚加地盘丙奇，天盘丙奇加地盘六庚，形成两个凶格，遇之则凶。

天盘六庚加地盘丙奇，为太白入荧惑，这是金入火乡，受克而凶；天盘丙奇加地盘六庚，这是荧惑入太白，为火乡金乡。

太白入荧惑应防窃贼来侵，荧惑入太白窃贼惧而自退。遇此二格，都不宜；中击。

天盘六庚下临年干、月干、日子、时干，则构成岁格、月格、日格、时格；同理，天盘六丙下临年干、月长、日干、时干，构成岁悖、月悖、日悖、时悖。悖即背，就是乱的意思，主纲纪混乱，行事皆凶。

天盘丙奇加地盘直符为勃符，天盘直持加地盘丙奇为飞勃。这里天乙为直符。

天盘六庚加临地盘日干，称为伏干；日干在天盘，加临地盘六庚，称为飞干。伏干格也称日格，战斗主客皆伤，都不利，主尤不利；飞干格战斗主客皆伤，都不利，客尤不利。

“加一宫”即天盘六庚加地盘直符，主战斗在干郊野；“同一宫”即甲申庚为直符，称为天乙太白，直符与六庚同行，加干地盘日，于所奉冬宫，主战斗在于城内此二格皆凶，主客都不利。

天盘六庚加临地盘直符，称为天乙伏宫格，交战主客两不利；天盘直符加临地盘六庚，称为天乙飞宫格，交战主客两不利。

天盘六庚加地盘六癸，称为大格，百事皆凶；天盘六庚加地盘六己，称为刑格。出征车毁马伤，最为不利。

天盘六庚加地盘六壬，称为上格即伏格，此时出师不利；天盘六庚加地盘年干、月干、日干、时干，行事大凶。

天盘六庚加地盘乙奇、丙奇、丁奇，称为奇格，此时行兵征战，会“匹马只轮无返期”，即全军覆没，大凶。

天盘六癸加临地盘丁奇，称为螣蛇夭矫，此时百事不利；天盘六丁加临地盘六癸，称为朱雀投江，此时百事不利。

天盘六乙加地盘六辛，称为青龙逃走，此时百事不利，更不宜举兵出战：天盘六辛加地盘乙奇，称为白虎猖狂，此时不宜做事。

以上四者即螣蛇夭矫、朱雀投江，青龙逃走、白虎猖狂，都是凶格，百事不利。

天盘丙奇加地盘甲子，称为飞鸟跌穴，此时百事大吉；天盘甲子加地盘丙奇，称为青龙反首，此时虽无吉门也可以做事。

以上二者即飞鸟跌穴、青龙反首，都是大吉之格，做事十有八九能称心如意。

八门中的开门、休门、生门，为吉门，做事会称心遂情，如远行、征伐、求名、求财等等；但伤门为凶门，出入易患病受灾，但宜于打猎、捕鱼；杜门也是凶门，但只要隐身不出，并无妨碍。

景门宜于上书、破阵；惊门宜于捕逃，诉讼；死门宜于吊丧、送葬、执行死刑。

九星中的天蓬、天任、天中、天辅、天禽为阳星，天英、天芮、天柱、天心为阴星。

天辅、天禽、天心三星为大吉之星；天冲、天任为次吉之星；天蓬、天芮为大凶之星；天英、天柱为半凶之星。

如果大凶之星无气会变成吉星，小凶之星无气也会变成吉星。

如果吉星又能逢上旺相阶段，无论干什么都会成功；但是如果遇上休囚废没，则无论干什么都要失败，因此不必“进前程”。

九星的五行属性，与各星所配的卦相关，具体情况是：

坎卦正北属水，天蓬在坎一宫，为水星；

艮卦东北属土，天任在艮八宫，为土星；

震卦正东属木，天冲在震三宫，为木星；

巽卦东南属木，天辅在巽四宫，为木星；

离卦正南属火，天英在离九宫，为火星；

坤卦西南属土，天芮在坤二宫，为土星；

兑卦正西属金，天柱在兑七宫，为金星；

乾卦西北属金，天心在乾六宫，为金星；

中央属土，天离在中五宫，寄坤二宫，为土星。

对于一个特定的五行而言，生我者为父母，我生者为子孙，我克者为妻财，克我者为官鬼。九星各旺于我生之月，相于同一五行之月，死于生我之月，囚于官鬼之月，休于妻财之月。

天蓬为水星，相于初冬和仲冬，旺于正月、二月，休于四月、五月。其余妨此类推。

遭遇紧急危难之事，可以从天盘直符所在之宫和地盘直符所在立宫而去，可以吉无不利；如果事情和缓，可以选择三吉门之方而去。虽然有时得三吉门，有时得五凶门，变化无常，然而只要顺应天道，无论从神还是从门都可以吉而无凶。

十干加伏吟，成为三奇入墓，则会欲吉反凶。

阳遁直使起于一宫，终于九宫：阴遁直使起于九宫，终于一宫。一宫与九宫直门相冲，一加九，其和为十、若能体察其中蕴含的阴阳变化之理，用之为贵，可以出神人化。

天盘为客，地盘为主。以六甲为时之旬头以布三奇和六仪，细力，推球，参透奇门玄机妙理。洞知九宫变化，就可以用它来辅佐明主圣君。

宫克门为“制”，门屯宫为“迫”，门生宫为和，宫生门为义。门克宫称为被迫，吉门被迫，则吉事不成；凶门被迫，则凶事尤甚。

天盘六癸所临之官为天网四张，适用时，应当视网之高低，分别对待、六癸临几宫，则天网高几尺，具体为临坎一宫高一尺，临神二宫高二尺。余类推，三至四宫天网低，可匍匐而出；八至九宫天网高，可以任意驰骋。

节气推移可以定出全年七十二候，阳遁和阴遁有顺有逆，其中道理和规律要精通、掌握。

一节三元，每元五日，以干支相配，从甲子到癸亥，一轮六十天为一纪。六轮共六纪，为三百六十天，恰一年；这在天地未分之前就存在。

这首《烟波钓臾歌》道理幽微精深，不是道德高尚的圣人贤人，切莫传授，免得歹人恶人用它去做坏事。

奇门总要诀

阴阳逆顺妙难穷，二至还乡一九宫。
若能了达阴阳理，天地都来一掌中。
三才变化作三遁，八卦分为八遁门。
星符每逐时干转，直使常随天乙奔。
六仪六甲本同名，三奇即是乙丙丁。
三奇倘合开休生，便是吉门利出行。
万事从之无不利，能知玄妙得其灵。
直符前三六合位，前二太阴君须记。
直符后一名九天，后二宫神名九地。
地为伏匿天扬兵，六合太阴可藏避。
急从神兮缓从门，三五反复天道利。
已上若得三奇妙，不使更得三奇使。
得使犹来未为精，五不遇时损其明。
损又须知时克日，吟格相加尤不吉。
掩捕逃亡须格时，占稽得人信宜失。
斗中三奇游六仪，天乙会合主阴私。
讨捕须明时下克，行人信息遇三奇。
三奇上见游六仪，六仪更见五阳时。
兼向八门寻吉位，万事开三万事宜。
五阳在前五阴后，主客须知有盛衰。
阴后五支还须记，六仪加著更无利。
六仪忽然加三宫，更为击刑先须忌。
六仪击刑三奇墓，此时举动百事误。
太白入荧贼即采，火入金乡贼即去。
丙为勃兮庚为格，格则不通勃乱逆。
庚加日干为伏干，日干加庚飞干格。
庚加直符天乙伏，直符加庚天乙飞。
加己为刑道上格，加癸路中大格宜。
加壬之时为小格，更嫌岁月日时移。
当此之时皆不吉，遣将行师勿用之。

丙加甲兮鸟跌穴，甲加丙兮龙反首。
辛加乙兮虎猖狂，乙加辛兮龙逃走。
丁加癸兮雀入江，癸加丁兮蛇夭娇。
符加丙丁为相佐，使加六丁为守户。
生丙合成为天遁，地遁乙合开加已。
休承丁合太阴人，天网四张时加癸。
蓬加英兮为返吟，伏吟之时蓬加蓬。
吉宿见之事更吉，凶宿逢之事愈凶。
天辅冲任禽心吉，天蓬天英芮柱凶。
阴属禽心柱英芮，阳宿冲辅及蓬任。
天网四张无走路，阴阳逆顺妙无穷。
节气推移时候应，二至还向一九宫。
三元超遁用六甲，八卦周流遍九宫。

白话译释

阴阳二遁。阳遁顺布六仪而逆布三奇，阴遁逆布六仪而顺布三奇，其中的玄妙道理很难说清；冬至和夏至分别向坎一宫和离九宫开始布六仪。

如果能够透彻了解阴阳转化的规律，那么天地万物发展、变化的情形就能够分布在手掌之上，进行推演。

天、地、人三才发生变化，转化为天遁、地遁、人遁，八卦与八遁门相配合。

直符往往随着时干转化，直使经常随着天乙即直符运动。

六仪和六甲本来是一回事，其中六仪为戊、已、庚、辛、壬、癸，六甲为甲子、甲戌、甲申、甲午、甲辰、甲寅，这里，戊就是甲子，已就是甲戌，庚就是甲申，辛就是下午，壬就是申辰，癸就是甲寅；而三奇就是乙、丙、丁，其中乙为月奇，丙为日奇，丁为星奇。

三奇如果与开门、休门、生门相合，便是吉门，有利于出行。

无论干什么，遇吉门便亨事顺利，若能了解其中的玄妙，就得到了其精髓。

直符在前，三位是六合神之位，太阴神居二位。

九天神在后一宫之位，九地神在后二宫之位、以上四句讲的是六合、太

阴、九地、九天在八神中的位置。

遇九地所在之宫宜于伏匿，遇九天所在之宫宜于兴兵，遇六合、太阴所在之，宫宜于潜伏逃避，不可出兵进去、情况紧急危难，可以从天盘直符所在之宫和地盘直符所在之宫而去，可保吉利无凶，情况和缓从容，可以从三吉门而去；虽然有时得三吉门，有时得五凶门，情况变化无常。但是只要顺应天道，都能够做到吉利无凶。

六己之上若能得到乙、丙、丁三奇，当然很好，但不如得到三奇直使。

尽管得到三奇直使，却不算最佳状态，因为有五不遇时格损害前景。

所谓五不遇时就是时干克日干，伏吟、反吟格相加更为不吉利。

进行追捕、逃亡须看时辰，否则，即使占门得人也会导致损失。

斗中三奇与六仪相合，若遇天乙主隐伏。

征讨、追捕应当看清时干之下有何星来克，看清之后即使遇三奇也无妨。

三奇之上有六仪，六仪又见一个阳干，再向八门去寻找吉位，并在震三宫，则万事皆宜。

五阳干在前、五阴干在后，会使主盛客衰。

阴干之后的时支还应记住，若又加六仪则更不利。

如果六仪忽然加临震三宫，则为六仪击刑，这是忌讳。

六仪击刑、三奇入墓，此时如果有什么举动则百事不利。

太白金星进入荧惑火星，窃贼就会到来；荧惑火星进入太白金星，窃贼必定逃走。

天盘六庚下临年、月、日、时之干，则构成岁格、月格、日格、时格；天盘六丙下临年、月、日、时之干，则构成岁悖（勃）、月悖、日悖、时悖。勃即悖，意为乱，遇之主纲纪混乱，百事皆凶。天盘六庚加临地盘日干，称为伏干；日干在天盘加临地盘六庚，称为飞干。此二格都是凶格。

天盘六庚加临地盘直符，称为天乙伏宫格；天盘直符加临地盘六庚。称为天乙飞宫格。此二格主交战双方皆不利。

天盘六庚加临地盘六已，称为刑格；天盘六庚加临地盘六癸，称为大格。

天盘六庚加，陆地盘六壬，称为小格，随着移动，构成岁格、月格、日格、时格，以上各格，遇之都不吉利，不可遣将行师，出兵打仗。

天盘丙奇加临地盘甲子，称为飞鸟跌穴；天盘甲子加临地盘丙奇，称为青龙反首。

天盘六辛加临地盘乙奇，称为白虎猖狂；天盘乙奇加临地盘六辛，称为

青龙逃走。

天盘丁奇加临地盘六癸，称为朱雀投江；天盘六癸加临地盘丁奇，称为腾蛇夭矫。

天盘直符加临地盘丙奇、丁奇，称为相佐；天盘直使加临地盘六丁，称为守户。

生门丙奇合六戊，为天遁；开门乙奇合六己为地遁。

休门之上加临丁奇为太阴，天网四张为天盘时干加临六癸所在之宫。

天盘天蓬星加临地盘天英皇，称反吟；天盘天蓬星加临地盘天蓬星；称为伏吟。

以上诸格皆主凶祸，不可行事。

天辅、天冲、天任、天禽、天心这五星为九星中的吉星；天蓬、天芮、天英、天柱这四星为九星中的凶星。

天网四张之格是凶格，其中的阴阳顺逆的变化其妙无穷。

节气推移决定一年的变化，从冬至到夏至，分别向坎一宫和离九宫开始布六仪。

一个节气包含三元，布局的时候要用六甲；人卦要和九宫配合，分别进入各官。

阳遁九局起例

冬至惊蛰一七四，小寒二八五同推。
春分大寒三九六，立春八五二相随。
谷雨小满五二八，雨水九六三为期。
清明立夏四一七，芒种六三九为宜。
十二节气四时定，上中下元是根基。

白话译释

阳遁九局和阴遁九局，是按照三奇、六仪中的甲子戊所在宫的位置来确定的。具体地说，冬至后甲子戊在坎一宫，这就是阳遁一局；甲子戊在乾二宫，这就是阳遁二局；甲子戊在震三宫，这就是阳遁三局；甲子戊在巽四宫，这就是阳遁四局；甲子戊在中五宫，这就是阳遁五局；甲子戊在乾六宫，这就是阳遁六局；甲子戊在兑七宫，这就是阳遁七局；甲子戊在艮八宫，这就是阳遁八局；甲子戊在离九宫，这就是阳遁九局。阴遁类此，只是方向和顺序相反，并且是从夏至后排起。如甲子戊在离九宫，这就是阴遁九局。余类推。

这里讲的是阳遁布三奇六仪的方法，即排局法。丈中的“一七四”三个数字表宫位即坎一宫、兑七宫、巽四宫，亦即局次。余类此。“一七四”表一个节气三元，依次为上元、中元、下元。余类此。

这一节的意思是：

冬至、惊蛰上元为阳遁一局，中元为阳遁七局，下元为阳遁四局；

小寒、上元为阳二局，中元为阳八局，下元为阳五局；

春分、大寒上元为阳三局，中元为阳九局，下元为阳六局；

立春、上元为阳八局，中元为阳五局，下元为阳二局；

谷雨、小满上元为阳五局，中元为阳二局，下元为阳八局；

雨水、上元为阳九局，中元为阳六局，下元为阳三局；

清明、立夏上元为阳四局，中元为阳一局，下元为阳七局；

芒种上元为阳六局，中元为阳三局，下元为阳九局。

阴遁九局起例

夏至白露九三六，小暑八二五之间。
大暑秋分七一四，立秋二五八遁还。
霜降小雪五八二，大雪四七一相关。
处暑排来一四七，立冬寒露九六三。
此是阴遁起例法，节气推移细心参。

冬至一四七，小寒二五八，
大寒三六九，立春二五八，
雨水九六三，惊蛰一七四，
春分三九六，清明四一七，
谷雨五二八，立夏四一七，
小满五二八，芒种六三九，
夏至九三六，小暑八二五，
大暑七一四，立秋一五八，

处暑一四七，白露九三六，
秋分七一四，寒露六九三，
霜降五八二，立冬六九三，
小雪五八二，大雪四七十。

白话译释

夏至、白露上元为阴九局，中元为阴三局，下元为阴六局；大暑、秋分上元为阴七局，中元为阴一局，下元为阴四局；立秋上元为阴二局，中之为阴五局，下元为阴，乙局；

霜降、小雪上无为阴五局，中元为阴八局，下元为阴二局；

大雪上元为阴四局，中元为阴七局，下元为阴一局；处暑上元为阴一局，中元为阴四局，下元为阴七局；立冬、寒露上元为阴九局，中元为阴六局，下元为阴三局。下面是对各节气上、中、下三元局数的归纳，此处从略。

十二神应验要诀

天已在门：行远良人，贵人车马，长者欢欣。
螣蛇在门：虚惊怪异，半途而回，风雨相阻；若有鸦鸣，有人追捕。
朱雀在门：遇生色物，远闻鼓声，文书无阻。
六合在门：路逢车马，阴人彩衣，儿童戏要。
勾陈在门：路逢斗打，作事勾留，谋为参差。
青龙在门：喜兆则马，路逢官吏，锦衣奇花。
天空在门：贱物载道，阳增阴道，类聚笑话。
白虎在门：见死闻悲，官司惊迫，途逢兵革。
太常在门：酒食师巫，或为优使，彩画神袖。
玄武在门：盗贼亡失，若非牙犹，即是乞儿。
太阴在门：小求大得，阴私和合，音乐相随。
天后在门：童子戏要，妇人送物，女子还家。

白话译释

天乙神在门：宜于良人远行，贵人乘车骑马，年长者百事吉祥。

螣蛇神在门：路见怪物奇事，虚惊一场，半路追回，又遇风雨隔阻；若有乌鸦鸣叫，必定有人追捕。

朱雀神在门：遇生色物，远处有鼓声，但书信公文可以传递。

六合神在门：路上遇见车马，女人穿着彩色衣衫，小孩在路上玩耍。

勾陈神在门：路上遇到打斗，做事不顺利，谋划无成。

青龙神在门：有喜兆预示有马可骑，路上遇到官吏，能够得到锦衣和美女。

天宫神在门：路上有不值钱的东西；男人帮女人做事，同类人聚在一起嘲笑他。

白虎神在门：发生凶丧，或听见别人在悲伤哭泣，要吃官司，外出遇上战乱。

太常神在门：设酒食招待巫师，被优伶即戏曲艺人支使，神像穿着花花绿绿的衣裳。

玄武神在门：盗贼逃走，此贼不是优伶就是乞丐。

太阳神在门：小求大得，暗中勾结，音乐相随。

天后神在门：小孩在玩耍，有妇人送来东西，女子回丈夫家。

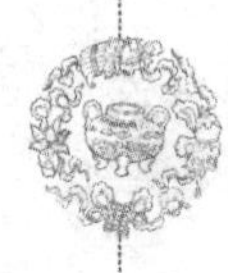

青龙天日地耳吉方

青龙吉方，天目、地耳，宜坐吉方，求财、赌博、谋为，百事皆吉。

	华盖	地户	天门	地耳	天目	青龙
酉方：	巳	辰	癸酉	丁卯	子	甲子
未方：	卯	寅	癸未	丁丑	戌	甲戌
巳方：	丑	子	癸巳	丁亥	申	甲申
卯方：	亥	戌	癸卯	丁酉	午	甲午
丑方：	酉	申	癸丑	丁未	辰	甲辰
亥方：	未	午	癸亥	丁巳	寅	甲寅

白话译释

以上方位都是吉方，无论干什么，如求财、赌博等，都吉利。

十二黄黑道吉时诀

子午临申位，丑未戌上寻，寅申居子位，卯酉却加寅；辰戌龙位上，巳亥午中行。

青龙（黄道）明堂（黄道），天刑（黑道）朱雀（黑道）金匮（黄道）天德（黄道）白虎（黑道）玉堂（黄道）天牢（黑道）玄武（黑道）司命（黄道）勾陈（黑道）。

白话译释

子、午时临申位吉，丑、未时临戌位吉，寅、申时临子位吉，卯、酉和寅时临辰位、戌位吉，巳、亥时临午位吉。

青龙为黄道，明堂为黄道，朱雀为黑道，金匮为黄道，白虎为黑道，玉堂为黄道，天牢为黑道，玄武为黑道，司命为黄道，勾陈为黑道。

九宫八卦五行

坎水一——白
坤水二——黑
震水三——碧
巽木四——绿
中土五——黄
乾金六——白
兑金七——赤
艮土八——白
离火九——紫

白话译释

坎一宫属水，白色；坤二宫属水，黑色；震三宫属水，碧色；巽四宫属木，绿色；中五宫属土，黄色；乾六宫属金，白色；兑七宫属金，赤色；艮八宫属土，白色；离九宫属火，紫色。

九　星

天蓬，天芮，天冲，天辅，天禽，天心，天柱，天任，天英。

白话译释

奇门遁甲所用的九星为天蓬，天芮，天冲，天辅，天禽，天心，天柱，天任，天英。

九星在活盘转动之前，在阴阳十八局中的位置是固定的：

坎一宫，天蓬星；坤二宫，天芮星；震三宫，天冲星；巽四宫，天辅星；中五宫，天禽星；乾六宫，天心星；兑七宫，天柱星；艮八宫，天任星；离九宫，天英星。

九星自身的排列顺序不固定。

九　神

直符（火）螣蛇（土）太阴（金）六合（木）勾陈（土）太常（五行化煞）朱雀（火）九地（土）九天（金）阳遁顺行。

白话译释

这里说的是九神及其五行属性：

直符神属火，螣蛇神属土，太阳神属金，六合神属木，勾陈神属土，大常神为五行化煞，朱雀神属火，九地神属土，九天神属金。

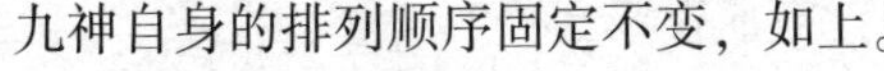

九神自身的排列顺序固定不变，如上。

在阳遁九局中顺行。

卷二

十干克应诀

六甲同六戊，天盘戊加地盘戊，谓之伏吟。凡事闭塞静守为吉。

戊加戊（甲值符）谓之“伏吟”。凡事闭塞，静守为吉。

加乙为“青龙合灵”，门吉事吉，门凶事凶。

加丙为“青龙返首”，动作大吉，若逢迫、墓、击、刑，吉事成凶。

加丁为“青龙耀明”，谒贵求名吉利，若值墓、迫，招是招非。

加己为“贵人入狱”，公私皆不利。

加庚为“值符飞宫”，吉事不吉，凶事更凶。

加辛为“青龙折足”，吉门生助尚可谋为。

若逢凶门，主招灾、失财、有足疾。

加壬为“青龙入天牢”，凡阴阳皆不吉利。

加癸为“青龙华盖”吉格者吉，招福，门凶多乖。

乙加戊（甲值符）为“利阴害阳”，门逢凶迫，财破人伤。

加乙为“日奇伏吟”，不宜谒贵求名，只可安分守身。

加丙为“奇仪顺遂”，吉星迁官进职，凶星夫妻离别。

加丁为“奇仪相佐”，文书事吉，百事皆可为。

加己为“日奇入雾”，被土暗昧，门凶必凶，得三吉门为“地遁”。

加庚为“日奇被刑”，争讼财产，夫妻怀私。

加辛为“青龙逃走”，奴仆拐带，六畜皆伤。

加壬为“日奇入地”，尊卑悖乱，官讼是非。

加癸为“华盖逢星”，宜遁迹修道，隐匿藏形，躲灾避难为吉。

丙加戊（甲值符）名“飞鸟跌穴”，谋为百事洞澈。

加乙为“日月并行”，公谋私为皆吉。

加丙为“月奇孛师”，文书逼迫，破耗遗失。
加丁为“月奇朱雀”，贵人文书吉利，常人平静，得三吉门为“天遁”。
加己为“太孛入刑”，囚人刑杖，文书不行，吉门得吉，凶门转凶。
加庚为“荧入太白”，门户破败，盗贼耗失。
加辛为“谋事就成”，病人不凶。
加壬为“火入天罗”，为客不利，是非颇多。
加癸为“华盖孛师”，阴人害事，灾祸频生。

丁加戊（甲值符）为“青龙转光”，官人升迁，常人威昌。
加乙为“人遁”吉格，贵人加官进爵，常人婚姻财喜。
加丙为“星随月转”，贵人越级高升，常人乐里生悲。
加丁为“奇入太阴”，文书即至，喜事遂心。
加己为“火入勾陈”，奸私雠冤，事因女人。
加庚为“年月日时格”，文书阻隔，行人必归。
加辛名曰“朱雀入狱”，罪人释囚，官人失位。
加壬名曰“五神互合”，贵人恩昭，讼狱公平。
加癸名曰“朱雀投江”，文书口舌俱消，音信沉溺。

己加戊（甲值符）为“犬遇青龙”，门吉谋望遂意，上人见喜，门凶枉劳心机。
加乙名为“墓神不明”，地户蓬星，宜遁迹隐形为利逸。
加丙名曰“火孛地户”，阳人冤枉相害，阴人必致淫污。
加丁名曰“朱雀入墓”，文状词讼，先曲后直。
加己名为“地户逢鬼”，病者必死，百事不遂。
加庚名曰“刑格”，求名、词讼先动者不利，阴星有谋害之情。
加辛名曰“游魂入墓”，大人鬼魅，小人家先为祟。
加壬名曰“地网高张”，狡童佚女，奸情杀伤。
加癸名曰“地刑玄武”，男女疾病垂危，词讼有囚狱之灾。

庚加戊（甲值符）曰“太白天乙伏宫”，百事不可谋为凶。
加乙为“太白蓬星”，退吉进凶。
加丙曰“太白入荧”，占贼必来，为客进利，为主破财。
加丁曰“亭亭之格”，因私昵起官司，门吉有救。
加己曰名为“刑格”，官司被重刑。
加庚曰“太白同宫”，官灾横祸，兄弟雷攻。
加辛曰“白虎干格”，远行车折马死。
加壬曰远行失迷道路，男女音信嗟呀。
加癸名为“大格”，行人至官司止，生产母子俱伤，大凶。

辛加戊（甲值符）曰“困龙被伤”，官司破败，屈抑守分，妄动祸殃。

加乙曰“白虎猖狂”，人亡家败，远行多殃，尊长不喜，车船俱伤。

加丙曰“干合孛师”，荧惑出现，占雨无，占晴旱，占事必因财致讼。

加丁曰“狱神得奇”，经商获倍利，因人逢赦宥。

加己曰“入狱自刑”，奴仆背主，讼诉难伸。

加庚曰“白虎出力”，刀刃相接，主客相残，逊让退步，稍可强进，血溅衣衫。

加辛曰“伏吟天庭”，公废私就，讼狱自罹罪名。

加壬曰“凶蛇入狱”，两男争女，讼狱不息，先动失理。

加癸曰“天牢华盖”，日月失明，误入天网，动止乖张。

壬加甲予戊（甲值符）名曰“小蛇化龙”，男人发达，女产婴童。

加日奇六乙名日格名“小蛇”，女子柔顺，男人嗟呀，占孕生子，禄马光华

加月奇六丙名曰“水蛇入火”，官灾刑禁络绎不绝。

加星奇六丁名曰“干合蛇刑”，文书牵连，贵人匆匆，男凶女吉。

加甲戌己名曰“凶蛇入狱”，大祸将至，顺守斯吉，词讼理曲。

加甲申庚名曰“太白擒蛇”，刑狱公平，立剖邪正。

加甲午辛名曰“螣蛇相缠”，纵得吉门，亦不能安，若有谋望，被人欺瞒。

加甲辰壬名曰“蛇入地罗”，外人缠绕，内事索索，门吉星凶，庶免蹉跎。

加甲寅癸名曰“幼女奸淫”，家有丑声，门星俱吉，反祸福隆。

癸加甲子戊（甲值符）为“天乙会合”吉格，财喜婚姻，吉人赞助成合，若门凶迫制，反招官非。

加日奇六乙名曰“华盖蓬星”，贵人禄位，常人平安。

加月奇六丙名曰“华盖孛师”，贵贱逢之，上人见喜。

加星奇六丁名曰“螣蛇夭矫”，文书官司，火焚莫逃。

加甲戌己名曰“华盖地户”，男女占之，书信皆阻，躲灾避难为吉。

加甲申庚曰“太白入网”，以暴争讼力平。

加甲午辛曰“网盖天牢”，占讼占病，死罪莫逃。

加甲辰壬曰“复见螣蛇”，嫁娶重婚，后嫁无子，不保年华。

加甲寅癸曰“天网四张”，行人失伴，病讼皆伤。

白话译释

这里讲的是十干克应，即天盘天干加地盘天干所构成的格及此格所主吉凶情况。具体内容如下：

天盘六甲同于地盘六戊，如果天盘六戊加地盘六戊，称为反吟格，无论什么事，只要隐闭静守，就大吉大利。

天盘六戊加地盘六乙，称为青龙合灵格，此时遇吉门则吉，遇凶门则凶。

天盘六戊加地盘六丙，称为青龙反首，只要做便大吉大利，但若逢墓迫击刑，则会吉事变成凶事。天盘六戊加地盘六丁，称为青龙耀明，只要谒见贵人求取名位，都吉利，但若逢墓迫，则会招惹是非。

天盘六戊加地盘六己，称为贵人入狱，无论干公事私事，都不利。

天盘六戊加地盘六庚，称为直符飞宫，遇此，吉事不吉，凶事更凶。

天盘六戊加地盘六辛，称为青龙折足，若逢吉门则有人来助，述可有所作为；若见凶门，主招灾失财和脚患疾病。

天盘六戊加地盘六壬，称为青龙入天牢，无论对于男人女人都不利。

天盘六戊加地盘六癸，称为青龙华盖，吉格者吉招福，门多凶乖。

天盘六乙加地盘六戊，称为利阴害阳，门逢凶迫，财破人伤。

天盘六乙加地盘六乙，称为日奇伏吟，不宜谒见贵人求取名位，只可安分守身。

天盘六乙加地盘六丙，称为奇仪顺遂，此时遇吉星可以升官晋职，遇凶星则夫妻分离。

天盘六乙加地盘六丁，称为奇仪相佐，传送书信公文吉利，百事可做。

天盘六乙加地盘六己，称为日奇入雾，前程不明，得凶门必凶；得二吉门为地遁。

天盘六乙加地盘六庚，称为日奇被刑，打官司破财，夫妻各怀私心、天盘六乙加地盘六辛，称为青龙逃走，奴仆盗窃主家钱财，六畜皆伤。

天盘六乙加地盘六壬，称为日奇入地，尊卑颠倒，要吃官司。

天盘六己加地盘六癸，称为华盖逢星官，宜于隐居修道，不露形迹，躲灾避难，如此则吉。

天盘六丙加地盘六戊，称为飞鸟跌穴，无论干什么事都清楚明白。

天盘六丙加地盘六乙，称为日月并明，无论做公事私事都吉。

大盘六丙加地盘六乙，称为月午悖师，主书信公文逼迫，财产破耗丢失。

天盘六丙加地盘六丁，称为月奇朱雀，有贵人文书到来，吉利，若是普通人则生活平静，得三奇门为天循。

天盘六乙加地盘六巳，称为大悖入刑，坐监牢、被杖责，书信公文不能传递；得吉门则吉，得凶门则转吉为凶。

天盘六乙加地盘六庚，称为荧入太白，主家庭破败，盗贼偷窃，财产损失。

天盘六乙加地盘六辛，称为谋事就成，病人遇之不凶。

天盘六乙加地盘六壬，称为火入天罗，主作客不利，是非颇多。

天盘六乙加地盘六癸，称为华盖悖师，女人坏事，灾祸较多。

天盘六丁加地盘六戊，称为青龙转光，当官的会升官，老百姓有威昌盛。

天盘六丁加地盘六乙，称为人遁吉格，当官的加官晋爵，老百姓有婚姻发财之喜。

天盘六丁加地盘六丙，称为星随月转，当官的会越级高升，老百姓则会乐中生悲。

天盘六丁加地盘六丁，称为奇入太阴，主书信公文很快送到，喜事遂心。

天盘六丁加地盘六已，称为火入勾陈，有奸冤仇，事端由女人引起。

天盘六丁加地盘六庚，称为月日时格，文书不通，外出的必定返回家门。

天盘六丁加地盘六辛，称为朱雀投狱，罪人被释放，当官的却失去官位。

天盘六丁加地盘六壬，称为五神互合，贵人有朝廷下诏升赏之恩遇；打官司会得到公平处理。

天盘六丁加地盘六癸，称为朱雀投江，各种是非都会消失，但音信长期不通，

天盘六已加地盘六戊，称为犬遇青龙，若见吉门，万事如意，上等人有喜事；若遇凶门，枉费心机。

天盘六已加地盘六乙，称为墓神不明，地户见天蓬星。宜隐匿不出，逃走则有利。

天盘六已加地盘六丙，称为火悖地户。男人冤冤相害，女人必定淫乱不堪。

天盘六已加地盘六丁，称为朱雀入墓，要吃官司，先受冤枉后得昭雪。

天盘六已加地盘六己，称为地户逢鬼，病者必死，事事不如意。

天盘六已加地盘六庚，称为利格返名，打官司先动手者不利，阴星有谋害之情。

天盘六已加地盘六辛，称为游魂入墓，地位高的人遇到鬼怪，地位低的人先从中破坏。

天盘六已加地盘六壬，称为地网高张，遇狡童淫女，有奸情伤杀之事。

天盘六已加地盘六癸，称为地刑玄武，无论男女都会疾病垂危，吃官司并有坐牢之灾。

天盘六度加地盘六戊，称为太白天乙伏宫，什么事也不可干，是凶格。

天盘六庚加地盘六乙，称为太白蓬星，退则吉，进则凶。

天盘六庚加地盘六丙，称为太白入荧，窃贼必来，作客方会进利；为主

方则破财。

天盘六庚加地盘六丁，称为亭亭之格，由于男女私情起官司，见吉门则有救、天盘六庚加地盘六己，称为刑格，吃官司，受重刑。

天盘六庚加地盘六庚，称为太白同宫，有官灾横祸，兄弟遭雷攻。

天盘六庚加地盘六辛，称为白虎干格，如果远行，会车毁马死。

天盘六庚加地盘六壬，称为上格，远行迷路。子女音信难通。

天盘六庚加地盘六癸，称为欠格，行人一到，官司就结束；生孩子母子都受伤害，大凶。

久盘六辛加地盘六戊，称为困龙被伤，吃官司，家产破败，应当克服自己，安守本分，如果轻举妄动则有祸殃。

天盘六辛加地盘六乙，称为白虎猖狂，主人亡家业败，外出远行必多祸殃，尊者和长者不高兴，坐车、乘船外出，车船都会毁伤。

天盘六辛加地盘六丙，称为干合悖，火星出现，求雨无雨，求晴天早，必因财产纠纷而打官司。

天盘六辛加地盘六丁，称为狱神得奇，经商加倍获利，坐牢的人遇赦获释。

天盘六辛加地盘六已，称为入狱自刑，奴仆背弃主人，打官司冤枉难申。

天盘八辛加地盘六庚，称为白虎出力，刀兵相接，主方与客方相互残杀，如果谦已让步会稍微缓和，如果强行进击，则会血溅衣衫。

天盘六辛加地盘六辛，称为伏吟天庭，公事失败，私事成功。吃官司并自招罪名。

天盘六辛加地盘六壬，称为凶蛇入狱，两男争一女，不断打官司；先动者失理获罪。

天盘六辛加地盘六癸，称为天牢华盖，日月失明，误入天网，无论干什么都不顺利。

天盘六壬加地盘六戊，称为小蛇化龙，男人飞黄腾达，女人生孩子。

天盘六壬加地盘六乙，称为小蛇日奇，女子柔顺，男人哀叹，孕生男孩，前程光明。

天盘六壬加地盘六丙，称为水蛇入火，遭官灾，受刑罚；坐监牢之事络绎不绝。

天盘六壬加地盘六丁，称为干合蛇刑，受书信公文牵连，贵人匆匆而过，男多吉，女多凶。

天盘六壬加地盘六己，称为凶蛇入墓，大祸将会降临，应当顺势安守本分，打官司必理曲获罪。

天盘六壬加地盘六庚，称太白擒蛇，打官司审理公平，立即分清邪正。

天盘六壬加地盘六辛，称为股蛇相缠，纵然得到吉门，也不能平安，若有什么谋划和打算，会被人欺骗、瞒哄。

天盘六壬加地盘六壬，称为蛇入地罗，被外人纠缠困绕，内部事务烦琐，若逢吉门吉星，也许可以免受损害。

天盘六壬加地盘六癸，称为幼女奸淫，家有丑事外传，若逢吉门凶星，反而会变祸为福，而且福分很盛。

天盘六癸加地盘六戊，称为天动会合，这是个吉格，有进财和婚姻之喜，有吉人帮助使之成功，若逢凶门迫制，反而会遭官司之祸。

天盘六癸加地盘六乙，称为华盖逢星，贵人可以得到禄位，老百姓平安无事。

天盘六癸加地盘六丙，和为华盖悖师，无论贵贱逢之，只要是命运好的人都会有喜事临门。

天盘六癸加地盘六丁，称为螣蛇夭矫，有书信公文引起的官司，若遭火灾无法逃避。

天盘六癸加地盘六己，称为华盖地户，无论男女占之，都会音信阻隔，只有躲灾避难才吉利。

天盘六庚加地盘六庚，称为太白入网，以强力争讼，可以平息纠纷。

天盘六庚加地盘六辛，称为网盖天牢，无论诉讼占病，结果都是死亡、获罪难逃。

天盘六癸加地盘六壬，称为复见螣蛇，无论女嫁男娶，都会丧偶再婚，出嫁太晚则无子，并且会早死。

天盘六癸加地盘六癸，称为天网四张，外出远行伙伴走失，无论患病或吃官司都会受到伤害。

时甲六甲

时加六甲，一开一阖，上下交接，阳星为开，阴星为阖，孟仲为阖，季加为开；

时加六乙，往来恍惚，与神俱出，加地盘乙，与日奇同行，谋为皆吉；

对加六丙，万兵同往，王侯之象，加地盘丙，为天威，行兵谋为有吉无凶；

时加六丁，出幽人冥，到老不刑，加地盘丁，为挟玉女而行，谋为百事皆吉；

时加六己，如神所使，出彼凶咎，加地盘己，为地户，利伏藏私匿，利私不利公；

时加六戊，乘龙万里，莫敢呵止，加地盘戊，为天武，公庚私谋为皆吉；

时加六庚，抱木而行，强有出入，必有斗争，加地盘庚，为天刑，凡事皆凶；

时加六辛，行逢死人，强有作为，殃罚缠身，加地盘辛，为天庭，谋为皆凶；

时加六壬，为吏所禁，强有出入，非祸相侵，加地盘壬，为天牢，事皆凶；

时加六癸，众人莫视，不知六癸，出门即死，加地盘癸，为地网，利藏遁，余事皆凶。

白话译释

时甲加六甲，一者为开，一者为闭，上子交接，阳星为开，阴星为闭，上、中时甲加六乙，往来匆忙，形神俱出，加地盘乙，与日奇同行，无论干什么都时加六丙，力兵同往，有五侯之象，加地盘丙为天威，行兵出征谋划事情有吉无凶。

时甲加六丁，出幽入冥，历尽艰险，到老也不会受刑罚，加地盘丁为抉玉时甲加六戍，乘龙万里纵横驰骋，没有人敢于阻挡，加地盘戊为天武，干公事做私事都吉利。

时甲加六己，如受神灵指使，脱出凶祸和灾害，加地盘己为地户，若潜伏藏匿则有利，但利于公事而不利于私事。

时甲加六庚，有如抱木而行，强出强人，因此必有斗争，加地盘庚为天刑，无论干什么事都有凶险。

时甲加六辛，走路碰到死人，强有作为，灾殃和刑罚缠身，加地盘六为天庭。无论于什么都有凶险。

时甲加六壬，被官吏囚禁，强有出入，会有横祸降临，加地盘壬为天牢，事事都凶。

时甲加六癸，众人都不知道此时极为凶险，出门就会死亡，加地盘癸为地网。利于隐藏逃避，否则都有凶险。

天蓬星

讼庭争竞遇天蓬，胜捷名威万里同，春夏用之皆大吉，秋冬用之半为凶；

嫁娶远行皆不利，修造埋葬亦闲空，须得生门同丙乙，用之万事得昌隆。

天蓬值子时，主有鸡鸣犬吠、宿鸟闹林，或有鸟自北方争闹飞来。作用后缺唇人至，六十日后应鸡生肉卵，主口舌官讼，退财凶。

值丑时，主树倒伤人、有雷电大作，及风雨为应。作用后主七日内鸡生鹅卵、犬上房，百日内伤小口，白头老人作牙，进田产、大旺十年后主退败。

值寅时，主青衣童子持花来，北方和尚裹衣至，又主女人来为应。作用后主有贼劫家财，六十日蛇入屋咬人，牛马死，伤人口，三年后进田宅。

值卯时，主黄云四起、妇人拿把铁器前来、大蛇过路为应。作用后半月有徵音人送财物来，六十日内女人被贼害破财，百日内得横财大发。

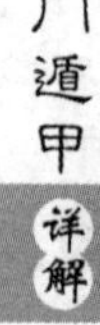

值辰时，主东北树倒伤人、鼓声四起、女人着红衣至为应。作用后主鹊噪，鸦鹊绕屋，贼入盗财物，六十日内病脚人上门抵赖，三年内生贵子发福。

值巳时，主驼背人着毛衣，女子携酒至及师人来为应。作用后百日内，因大发横财，因武得官发达。

值午时，主有人持刀上山，妇人领青衣童子至为应，作用后四十日家主亡，六十日犬作人语入屋作怪，风脚人行凶、破财，三年发旺。

值未时，主童子赶马牛至，鹭鸶自北方飞来，女人着红衣至为应。作用后六十日内贼入屋，劫掠财物凶败。

值申时，主有取水人并持伞盖至，西方小儿打水、擂鼓、叫喊为应。作用后二十日鸡窝内有蛇伤物，百日内少妇自缢、为淫欲，起官司凶败。

值酉时，主西方有马行来，群鸦飞噪为应。作用后百日内生贵子，僧道作牙、进商音人财产大发。

值戌时，主老人持杖至，胡须人担箩筐至，西方雷雨至为应。作用后有白犬自来，八十日内拾军器得横财发大富。

值亥时，小儿成群至，女人着孝服为应。作用后六十日因捉贼得钱谷，三年内卖药及符咒水发财。

白话译释

在公堂上打官司时占得天蓬星，无论什么事都能胜诉扬名；春、夏两季遇到它都大吉，秋、冬两季遇到它则半吉半凶；婚娶运行遇到它都不利，修造房屋、埋葬死人遇到它也很不利：只有再得到生门和丙奇、乙奇，遇到它才会万事昌隆天蓬星值子时，会听到鸡鸣狗叫，宿乌闹林，或有鸟从北方叫着飞来，之后，人会受侮辱，六十天后鸡生肉蛋，主有口舌是非，吃官司，破财，凶。

天蓬星值丑时，会树倒伤人，有雷电大作，并会刮风下雨，七日后，鸡在上房内生大鹅蛋、百日内伤小口，有白头老人作中间人，增加甲产，十年内大为兴旺。

而后丈破财天蓬星值寅时，有青衣童子手持鲜花从北方来，和尚披着袈裟到来，而后又有女人前来，主有盗贼抢劫家财，六十天内有蛇入屋咬人、咬牛、咬马，死伤人口，三年后增加田产和宅舍。

天蓬星值卯时，主黄云四起，有妇手拿铁器前来，大蛇从此路过，而后半个月，有说话发出徵音（五音之一）的人前来送财物，六十天内女人被贼害死，彼时，但百日内会得到横财，从而大发。

天蓬星值辰时，主东北方向树倒伤人，鼓声四起，有女人身穿红衣前来，而后，有鹊鸦叫着绕屋乱飞，盗贼来盗窃财物，六十天之后有一个脚上有毛病的人上门抵赖，三年内生贵子并因此发福。

天蓬星值巳时，有穿毛衣的驼背女子带着酒到来，又有巫师前来，而后，百日内大发横财，并因武功而得到官位，发达起来。

天蓬星值午时，主有人持刀上山，妇人领着一个青衣童子前来，尔后。四十天内家主死亡，六十日内狗会说人话，进入屋内作怪，脚患疯病的人前来行凶，因此破财，但三年后兴旺发达。

天蓬星值未时，有一个小孩儿赶着马、牛到来，鹭鸶鸟从北方飞来，又有女人穿着红衣裳前来，而后六十天有盗贼入屋偷盗，劫掠财物，凶，败家破产。

天蓬星值申时取水人拿着雨伞到来，西方有小孩打水擂鼓叫喊；二十天后鸡窝内有蛇伤物，百日内有少妇上吊自杀，因淫欲奸情引出一场官司。

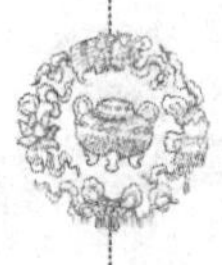

天蓬星值酉时，主西方有马跑来，一群乌鸦飞着乱叫，而后百日内生一个大贵子，和尚道士领来一个说话发出商音（五音之一）的人前来祝贺，财产由此大发。

天蓬星值戌时，有一位老人手拄拐杖到来，一个有胡须的人担箩筐随着来到，西方雷雨大作，而后一只白狗进来，十天后拾得兵器，从而得到横财，发大福。

天蓬星值亥时，有小孩成群结队来到，女人身穿孝服与之呼应，而后六十天因为捉到盗贼而得到钱粮，三年内因卖药和符水而发财。

天芮星

天芮授道结交宜，行方值之最不吉，出行用事皆宜退，修造安茔祸难测。贼盗惊慌忧小口，更有官事被官责。纵得奇门从此位，求其吉事皆虚伪。

天芮值子时，秋冬用吉，春夏用凶，有飞禽战惊，西南方上火光，二人相逐为应。作用后主猫犬疯癞伤人，惹官事。六十日内女人自缢死，秋冬用之，当进羽音人财产，发旺，及妇人喜事，吉。

值丑时，有鼓声自西北方至，七日内主龟鳖自林中来。六十日主盗贼，官司破财，凶。

值寅时，主瘦妇怀孕，至夏秋披蓑衣人至，春着皮衣人来为应，作用后如得奇门旺相，六十日内牛入屋进血财，官禄至，子孙兴旺大发。

值卯时，主女人着色衣送物，及贵人骑马来，二犬相咬，牛鸣为应，作用后六十日进东方人财产，犬伤小儿，进血产，三年内妇人产难，凶。

值辰时，有东方树倒伤人，鼓乐鸣，女人着红衣至为应。鹊绕屋飞鸣，因贼破财，作用后六十日疯脚人上门赖婚，后生贵子发旺。

值巳时，有妇人少女问至为应，作用后四十日进绝户人田契，一年内因水大发财。

值午时，有缺唇白衣人至。孕妇过为应。作用后六十日猫咬人。因买卖大发财，得东邻产业大发。

值未时，有捕猎人至，白衣僧道携茶过为应，作用后七日有鸟鹊绕树鸣噪，一年内动瘟疫，火烧屋荡败。

值申时，主东方伞盖人过，僧道胡须人至为应，主牛马伤人，犬咬人，作用后一百日内进羽音人产业，一年内水牛入屋，野鸟进宅，家主疾病。

值酉时，主有西方马过，群鸟鸣飞为应。作用后百日内僧道作合，进商音人产财，生贵子，发旺。

值戌时，有老人扶杖至，西方雷雨，胡须人担物来为应，后有白犬自来，六十日拾军马器得横财；大发。

值亥时，主小儿成群，女人着孝服至为应，后六二日因贼得财，三年后因符水药剂发财。

天芮值戌亥二时，与天蓬值戌亥二时之应验相同，查得相同，故又补之。

白话译释

遇天芮星传道交友都很适宜，但在外出远行的方向上遇之都不吉利；因此，出行做事都应停止！修建房屋，经营坟地则有难以预测的凶祸；贼人前来盗窃使家人惊慌失措，还要吃官司并受到官府的责打；纵然在此遇到吉门，遇事要想求吉也不能得到。

天芮星值子时，秋、冬二季用之吉利，春、夏二季用之凶险：有飞禽打架惊扰，西南方上空有火光，两个人相互追逐；而后，有猫狗患狂犬病伤人，惹起一场官司；六十日内女人上吊死亡；秋、冬二季用之，会得到说话发出羽音（五音之一）的人的财产，从此兴旺发达，并有娶妻之喜，吉。

天芮星值丑时，有鼓声从北方传来，七日内有龟鳖从树丛中出来，六十日之后有盗贼前来行窃，招来官司，因此破财，凶。

天芮星值寅时，身体瘦弱的女人怀孕，到了夏季和秋季有披蓑衣的人来到，春天有穿皮表的人前来，而后，若得奇门旺相，六十日内有一头牛进入屋子带来巨额钱财，官位和俸禄就会得到，子孙兴旺，其家大发。

天芮星值卯时，女人身穿带色的衣裳前来送东西，贵人骑马前来，两只狗相互厮咬。有牛鸣叫；而后，六十日得到东方人的财产，狗咬伤小儿，得到巨额财产，三年内妇生孩会难产，凶。

天芮星值辰时，东方树倒伤人，鼓乐齐鸣，女人穿着红衣裳来到，喜鹊绕着屋子飞并叫个不停，有盗贼偷窃而破财，而后六十天有一个脚患病疯病的人上门赖婚，后来喜得子并因此发达兴旺。

天芮星值巳时，有妇人、少女同时前来，而后四十天得到绝户人即无儿无女者的田产契约，一年内因水灾、火灾而发财。

天芮星值午时，有一个身穿白农的兔唇人到来，孕妇由此路过，而后六十天疯猫咬人，由于做买卖而大发其财，并得到东边邻居家的产业而大发。

天芮星值未时，有打猎的人前来，白衣和尚和道士带着茶由此经过，而后七日内鸦绕树乱叫，一年内生瘟疫，并且大火烧屋，家立因此破败。

天芮星值申时，从东方过来一个拿伞的人由此经过，和尚、道士和长胡须的人来到，牛马伤人，疯狗咬人，而后一百天内得到说话发出羽音（五音之一）的人的产业，一年内水牛入屋，野乌进宅，家主患病。

天芮星值酉时。西方跑来一匹马由此经过，有群鸟飞鸣，而后百日内和尚与道士帮助，得一说话发出商音（五音之一）的人的财产，喜得贵子，发达兴旺。

天芮星值戌时，老人拄着拐杖前来，西方打雷下雨，长胡须的人担着东西前来，后有一只白狗来到，六十日拾得军马和兵器，得到横财，大发。

天芮星值亥时，小孩成群，女人身穿着孝服前来，六十日因贼而得财，三年后因卖符水和药而发财。

天芮星值戌亥二时与天蓬星值戌亥二时同。

天冲星

嫁娶安茔产女惊，出行移徙有灾迪，修造埋葬皆不利，万般作为且逡巡。

天冲值子时，主仙禽鸣噪，钟声为应。作用后，有生气入宅，一年内田蚕倍收，新妇亡，后因口舌得财。

值丑时，主云雾四合，小儿成队，及妇人至为应。作用后，黑猫生白子，拾得古镜发财，一年内得僧道田契，生贵子。

值寅时，主贵人乘轿马，及执金银器至为应。作用后六十日进文契，六畜并琉璃器物入宅，母鸡啼，家主有灾，因口舌得财，乙己丁年生者，发富贵。

值卯时，主女人穿色衣送物，及贵人骑马至，二犬嘶咬。又主牛鸣为应，作用后六十日进东方人产业，汤火伤小儿，进财。三年内妇人产难，凶。

值辰时，有鱼上树，自虎出山，僧道成伙至为应，作用后四十日内拾得黄白之物，发横财，七十日内家主有折伤之患。

值巳时，主牛羊争行，二女嘶骂，西方有鼓声为应，作用后六十日内蛇咬鸡，牛入屋，女人送文契，百日出生贵子大发。

值午时，有东方人家火起，白衣人叫喊，山鸟鸣噪为应，作用后六十日内拾古器物发财产。

值未时，有鼓声响，小儿着孝衣，牛马成群过，西北方人喊叫为应。作用后六十日内白羊入屋，发横财，六畜兴旺。

值申时，南方自衣人骑马过，吏卒争闹为应。作用后百日内女人作牙添进人口，发财产。

值酉时，有远方书信至，东方人家说狐狸，有人喊叫，妇人掌火为应。作用后三年内生贵子，横发富贵。

值戌时，西方有三五人来寻物，及师巫人对走为应。作用后六十日鸡鸣上树，远信至，得外人财，一年内小儿被牛踏伤。

值亥时，有跛足青衣人至，东方人家起火为应。作用后百日内猫捕白鼠。一年内得财，进人家田契。

白话译释

嫁娶、修坟、生女孩都会受到惊扰，外出远行、迁移都会有灾难，修建房屋、埋葬死人都不吉祥，无论做什么事都犹疑不前。

天冲星值子时，主仙鸟鸣叫，钟声与之相应，而后有一股兴旺之气入宅。一年内种地、养蚕收入增加一倍，新妇会死，但后来会因口舌是非而得到钱财。

天冲星值丑时，主云雾四下笼罩，小儿成队，有妇来到，而后黑猫生白猫，拾到一面古镜而发财，一年内得到和尚、道士的田契，并生贵子。

天冲星值寅时，贵人乘轿骑马，手执金银器物，而后六十天得到文书契约，有琉璃器物入宅，母鸡打鸣，家主有灾，由于争吵得财，乙、巳、丁年出生的人发达并富贵。

天冲星值卯时，主女人穿着带色的衣裳前来送东西，贵人骑马来到。两只狗嘶咬，牛叫与之相应，而后六十天得到东方人的产业，热水或火烧伤小孩，得到钱财，三年内妇人生孩子难产，凶。

天冲星值辰时，有鱼上树，白虎出山。和尚道士结伙而来，而后四十天内拾到黄金和白银，大发横财，七十日家主有摔伤折肢之灾。

天冲星值巳时，牛羊争着赶路，两个女子嘶骂，西方有鼓声与之相应，而后六十天内蛇咬鸡，入牛屋，女人送来文书契约，百日生贵子，大发其财。

天冲星值午时，东方有人家起火，白衣人叫喊，有山鸟鸣叫与之相应，而后六十天拾得古玩器物发财。

天冲星值未时，有鼓声作响，小儿身穿孝衣，牛马成群由此经过，西方人叫喊与之相应。六十天内白羊入屋，大发横财，六畜兴旺。

天冲星值申时，南方人穿白衣由此经过，有吏卒争吵与之相应，而后一百天内女人前来添人进口，财产大发。

天冲星值酉时，有远方书信送到，东方人家说狐狸，有人叫喊，有妇人端着一盏灯与之相应，而后三年内生贵子，并因此而大发横财得富贵。

天冲星值戌时，西方有三五个人前来寻找东西，巫师相对走来与之相应，而后六十日鸡叫着上树，远方书信送到，得到外人钱财，一年内小孩被牛踩伤。

天冲星位亥时，有跛脚人穿青衣来到，东方人家起火与之相应，而后一百日内猫捕到一只白鼠，一年内得到钱财和人家的田地契约。

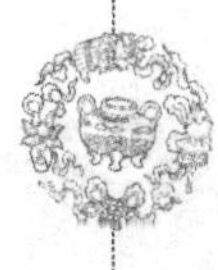

卷三

天辅星

天辅之星远行良。修造埋葬福绵长。上官移徙皆吉利，喜溢人财百事昌。

天辅值子时，主西方人着红衣大叫前来为应，作用后六十日商音人进财物，猴入室，宝瓶鸣，主加官进职，生贵子，十二年兴旺，吉。

值丑时，有人持刀杀人斗叫，多犬吠为应。作川后兔子、野鸡入宅，六十门僧道送物来，东南有人送文契、远信至，一年内人口兴旺，进人口，官禄，大吉。

值寅时，有公吏人持铁器至，及艺人送物来为应。六十日进田契，十一年生贵子，大发。

值卯时，有女人持伞至，师巫吹角声为应。六十日内发大财，添丁有生气物，家旺财谷，闲女人公事进田地财产。

值辰时，白羊与黄犬相斗，卖菜人与卖油人相撞，白衣小儿啼哭，孕妇至为应，一年内生贵子，财谷大发。

值巳时，有二人相打，女人抱布衣，风四起，小儿啼哭为应。六十日进东方财产，鬼神运来，大发。

值午时，僧道拿物，女人着红衣过为应，六十日有贵人送异物，进四方金银，一年内得寡妇财产大发。

值未时，主二畜相触，有人携皮毛至，僧道成群过为应。作用后西北方人争财，百日内进财物文契。

值申时，有患足人携酒至，三色衣人来，西北方鼓声鸣为应。作用后半年内蛇由井中出，白衣人送牛羊至，得妇人财发家。

值酉时，主有远方书信至，东方人言狐狸，或有人叫喊为应，女人拿火至，后三年内生贵子，横发财产。

值戌时，主有三五人来寻物，师巫对行为应。六十日鸡上树鸣，远信至，得妇人财，小儿被牛伤，一年内验之。

值亥时，主有跛足人至，青衣人来，东北方人家火光为应。作用后百日疯猫捕白鼠，一年内进田产。

白话译释

天辅星对于外出远行很有利，遇到它无论修建房屋还是营造坟墓、埋葬死人，都会带来长久的福气，出去做官或全家迁移都吉利，还会喜得他人钱财、万事荣昌。

天辅星值子时，西方人身穿红衣大喊大叫前来，而后六十天说话发商音（五音之一）的人前来送财物，猴子入室，宝瓶发出鸣叫声，会加官升职，生贵子，十二年内兴旺，吉。

天辅星值丑时，有人持刀杀人或打斗争吵，许多狗叫着与之相应，而后兔子、野鸡入宅，六十日和尚、道士送东西来，东南方有人送文书契约和远方书信来，一年内人口兴旺，增加人口和得到官禄，大吉大利。

天辅星值寅时。有官府吏役执铁器来到，有艺人前来送东西与之相应，六十日内得到田地契约，十一年生贵子，大发。

天辅星值卯时，有女人拿伞来到。巫师吹着发出角声（五音之一）的乐器前来与之相应，六十日内大发财，添人进口，有兴旺之气进入家门，因进钱财和粮食而家业兴旺，因女人和公事而增加田地和财产。

天辅星值辰时，白羊跟黄狗打架，卖菜人跟卖油人撞到一起，穿白衣的小孩哭哭啼啼，孕妇前未与之相应，一年内生贵子，并因此增加大批钱财和粮食。

天辅星值巳时，有两个人打架，女人抱布衣来此，大风四起，有小孩啼哭与之相应，六十天内从东方得到财产，是鬼神帮助运来的，因此大发横财。

天辅星值午时，和尚、道士拿着东西，有身穿红衣的女人前来与之相应，六十天后有贵人送来奇异之物，得到四方的黄金与白银，一年内得到寡妇的财产而大发。

天辅星值未时，两头牲口打架，以头互相抵触，有人拿皮毛来到，和尚、道士成群从这里经过，而后西北方有人争夺钱财，一百天内得到财物和文书契约。

天辅星值申时，有脚患疾病的人带着酒前来，西北方鼓声雷鸣与之相应，而后半年有蛇从井中爬出来，白衣人送来牛羊，得到妇人财产发家。

天辅星值酉时，有远方书信送到家，东边有人在那里说狐狸，或者有人叫喊与之相应，女人拿着灯火前来，三年内喜得贵子，大发其财。

天辅星值戌时，有五个人前来寻找东西，巫师相对而行前来与之相应，六十日鸡子上树大叫，有远方书信送来，得到妇人财产，小孩被牛抵伤，一年内必定得到验证。

天辅星值亥时，有跛足人前来，又有身穿青衣的人来到，东北边人家火光与之相应，而后一百天疯猫捕了一只白老鼠，一年内得到田产。

天禽星

天禽远行偏得利，坐贾行商皆称意。投谒贵人皆益怀，修造埋葬都丰裕。

天禽值子时，主有孕妇来，紫衣人至为应。作用后五十日有文人送物。三年内因武得官，二十年外财谷广益，人丁千口财旺。

值丑时，主孝妇拿锡器来，小儿拍掌、吹哨、打鼓、喊叫为应。作用后因赌戏得财，或开窖得财，三年内得贼盗财发家致富。

值寅时，主鸡鸣犬吠，道人戴棕笠至为应。作用后进羽音人田契，人丁发旺。

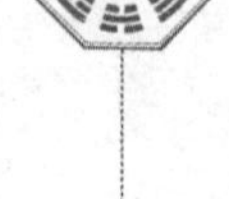

值卯时，主有大风东起，禽鸟西叫，孕妇至为应。作用后半年内得横财起家。

值辰时，主九流人相争叫，东方乌鸦鸣为应。作用后六十日有僧道及孤独人送物来。

值巳时，主有自项鸦成群飞来，及师巫人相打，贵人骑马过为应。作用后七十日内主妇人生贵子，成家田产大旺。

值午时，主有白衣人至，狗衔花，山鸡斗，风雨至为应。作用后有人自来，因赌戏公事得财，黑鸡生白雏，田产发旺。

值未时，主有老年跛足人担花过，或青衣人携物至为应。作用后六十日内进羽音人铁器发旺。

值申时，主空中飞鸟啼，师巫拿纸物来为应。作用后百日内女人拾珠翠归，一年内生贵子起家。

值酉时，主西力火起，人家吵嚷，鼓声喧闹为应。作用后一年内生贵子发旺。

值戌时，主东北方有钟鼓声，青衣童子携篮至为应，作用后六十日内主白鼠来，得寡妇财物发达。

值亥时，主有西北方妇人笑声，大起狂风，折树毁屋，人喊叫为应。作用后百日内进铁匠物，及僧道产。

白话译释

占得天禽星，外出远行反而会得利，无论是安居一方做大生意，还是四方游走做小买卖，都会称心如意；投靠或拜访贵人都有收益，修造房屋、埋葬死人都会带来丰厚富裕的钱财。

天禽星值子时，有孕妇前来，一个穿紫衣的人到来与之相应，而后五十天有文人来送东西，三年内因武功而得到官位。二十年后大批增加钱财和粮米，家人增至千口，财运兴旺。

天禽星值丑时，孝妇拿着锡器前来，有小孩拍手、吹哨、打鼓、喊叫与之相应，而后因赌博而得财，或因开窖而得财，三年内因得到盗贼窃得的财物而发家致富。

天禽星值寅时，主鸡鸣狗叫，有路人头戴棕斗笠前来，而后得到说话发羽音（五音之一）的人的田地契约，人丁发达兴旺。

无禽星值卯时，有大风从东方刮起，禽鸟在西方鸣叫，有孕妇来到与之相应，而后半年内得横财发家致富。

天禽星值展时，九流中人相互争斗并喊叫，东方有乌鸦鸣叫与之相应，而后六十日有和尚、道土及孤独人前来送东西。

天禽星值巳时，有白脖子乌鸦成群飞来，巫师相互打斗，贵人骑马从此经过，而后七十日内妇人生一贵子，成家后田产大为兴旺。

天禽星值午时，有白衣人前来，狗衔鲜花，山鸡斗架。刮风下雨与之相应，而后有人不请自来，因赌博、公事得到财物，黑鸡生下白色小鸡，由此

发达兴旺。

天禽星值未时，有跛脚老人担着鲜花从此路过，或者身穿青衣的人带着财物前来与之相应，而后六十日得到说话发羽音的人的铁器，并因而发达兴旺。

天禽星值申时，空中有飞鸟鸣叫，有巫师手拿纸物前来与之相应，而后一百天内女人拾得珠宝、翡翠等饰物回家，一年内生贵子发家。

天禽星值酉时，西方起火，家人吵吵嚷嚷，鼓声喧闹，而后一年内生贵子并家业兴旺。

天禽星值戌时，东北方响起钟声和鼓声，身穿青衣的童子携带竹篮来到，而后六十日内有白鼠出现，因得到寡妇的财物而发达兴旺起来。

天禽星值亥时，西北方有妇人笑声，狂风大作，树断房毁，喊叫声四起，而后一百天内得到铁匠器与和尚、道士的财产。

天心星

天心求仙合药当，商途客旅财禄昌。更将迁葬皆吉利，万事欣逢尽高强。

天心值子时，主右人争闹，鼓声西北起为应。作用后九十日内有赤面人作合，进商音人古铜画轴，十二年田蚕发旺。

值丑时，主西南方有火光，跛足人送物至。五门内双猫自来为应，作用后四十日有远方人送物，进商音人财产文契。

值寅时，主有水鸟至，钟鼓鸣，青衣女子提篮至为应。作用后火烧小口，六十日右公事，百日内进金银，拾古器，进人口产业，三年因妻得财，生贵子。

值卯时，主有跛足妇人相打、犬吠及鼓声，北方轿至为应。作用后七日内进财物，三年内有牛马来，财禄大旺。

值辰时，主云从西北起，青衣人拿鱼至，女人与僧道同行为应。作用后井中气出如云，三日内生贵子，后主科第富贵。

值巳时，主有女人抱小儿至，紫衣人骑马过为应。龟上树。作用后半月内进远方人财，跛足人作牙进田契，六畜旺，女人治家，寡妇坐堂。

值午时，主有风雨骤至，蛇横路，女人着红裙提酒至为应。作用后六十日内有跛足人送活物，五年内横发财产。

值未时，主有法术人拿空器过，白衣老人至为应。作用后得商音人文契田宅，发富。

值申时，主有僧道来，金鼓四鸣，百鸟齐噪，红裙女人送酒为应。作用后三年内寡妇持家。

值酉时，主僧尼道姑拿火自西南来，西北钟鼓声为应。作用后七十日内进马牛，得官府财，远信至。

值戌时，主南方喊叫，有贼，小儿牵牛至为应。作用后百日内生贵子，金鸡石上鸣，无故犬吠，二年后中科第。

值亥时，主鸡鸣犬吠，老人着皮衣帽至，手拿铁器为应。作用后七日内有远人来借宿，遗下财物而去。

白话译释

天心星适于求仙求药，出外经商、旅行财禄昌盛，迁葬都会吉利，无论做什么都处于有利地位。

天心星植子时，有人争吵乱闹，鼓声从西北方响起，而后九十天内有一个脸呈赤红色的人从中作合，得到说话发商音的人的古铜画轴，十二年内因种田、养蚕而发达兴旺。

天心星值丑时。西南方起火光，有一个跛脚人送来东西，五日内有两只猫自己跑来，而后四十天有远方人前来送东西，得到商音人的财产和文书契约。

天心星值寅时，有水鸟飞来，钟声鼓声齐鸣，有女子穿青衣提竹篮来到，而后火烧小口，六十日有公事，百日内进黄金和白银，拾到古代器物，增加人口和产业。三年因妻子而得到财产，会喜得贵子。

天心星值卯时，有跛足妇人打架、狗叫和鼓声，北方有人乘轿前来，而后七日得到财物，三年内有牛马来到，财禄因此大为兴旺。

天心星值辰时，云从西北方升起，一个身穿青衣的人拿着鱼前来，女人与和尚、道士同行。而后从井里冒出气来；其状如云，三日内喜得贵子，后来此子科举得第并因此而富贵。

天心星值巳时，女人抱小孩来到，身穿紫衣的人骑马由此经过，乌龟上树。而后得到远方人的财物，有跛足人从中作合得以增加田地并得到契约，六畜兴旺，女人治家，寡妇当权。

天心星值午时，风雨突然大作，蛇横在路上，女人穿着红裙子提着酒前来。而后六十日内有跛足人送来活物，五年内大发横财。

天心星值未时。有法术的人拿着空器具从这里经过，身穿白衣的老人前来，而后得到商音人的文书契约和田宅，并因此而致富。

天心星值申时，有和尚、道士前来，锣鼓声四下响起，百鸟一齐鸣叫，身穿红裙子的女人前未送酒，而后三年寡妇主持家务。

天心星值酉时，尼姑和道姑手拿灯火从西南来，西北鼓声响起，而后七十日内得到牛马，并得到官府的钱财，远方有书信送到。

天心星值戌时，南方响起喊叫声，有盗贼，小孩牵牛前来，而后百日内生贵子，有金鸡在石头上叫，狗无故乱叫，二年后有人科举得第。

天心星值亥时，鸡鸣狗叫，老人穿皮衣、戴皮帽前来，并手拿铁器，而后七日内有远方客人前来借宿，留下财物就离开了。

天柱星

天柱藏形谨守宜，不须远行及营为。商贾行事皆不利，动作立刻见凶危。

天柱值子时，主有风雨，火从东方起，缺唇人至为应。作用后六十门内蛇犬咬人，刀刃伤人，见血光破财。

值丑时，主有北方木匠拿斧，树上生金花为应。作用后六十日进羽音人金银器，三年内大灾，主败家产，出人弄蛇戏犬。

值寅时，主牛马喧，僧道拿伞盖至，有雷雨，喜鹊鸣噪为应；作用后主贼人牵连，官讼破财，女人小产死，凶。

值卯时，主有人伐树，男人拿鼓，黄衣老人拿锄镰过为应。作用后六十日内母鸡犬上屋，一年内少妇死，凶。

值辰时，主有人自西方拿金器来为应。作用后七日内进阴人财物，三年内大发。

值巳时，主有黑牛拉车，猪上山，钟鼓声鸣为应。作用后二十日内进商音人财物，六十日内有女人下水，野物入宅，一年内生贵子，大发之兆。

值午时，主有人骑马至，冬月有雪，夏秋月有鸦飞鸣为应。作用后五日孕妇带疾行，孝服哭泣，六十日内水过得古铜锡器，退财，小口，凶。

值未时，主有女人与僧道同行，东北方人携伞盖骑马过为应。作用后因女人见狐狸退败，大凶。

值申时，主有鹰捕鸟落地，及青衣人携伞盖至为应，作用后三年内天火焚宅，家业大败，凶。

值酉时，主东方有大小车连络数十辆行为应。作用后七十日内得女人首饰发财。

值戌时，主有女人抱白布物至，西北方有鼓声为应，作用后北方树打人喊叫，后六十日蛇蝎伤人，瘟疫死，大败，凶。

值亥时，主西方有钟声为应。山下人喊叫，作用后百日内因救火得财，大利。

白话译释

遇到天柱星应当隐藏形迹、谨慎防守；不应当外出远行和有所作为；商人无论干什么都不利，只要有行动立刻就会有凶险。

天柱星值子时，有风雨，火从东边燃起，有兔唇人前来，而后六十日内蛇和狗咬人，刀剑伤人，见血九共破财。

天柱星值丑时，北方木匠拿斧子，树上开金花，而后六十天得到羽音人的金器和银器，三年内遭大灾，败家荡产，人离开家玩蛇戏犬，靠卖艺为生。

天柱星值寅时，牛马喧闹，和尚、道士拿伞前来，打雷下雨，喜鹊乱叫，而后受盗贼牵连，因吃官司而破财，女人因小产而死，凶。

天柱星值卯时，有人砍伐树木，男人拿鼓，身穿黄衣的老人手拿锄头和镰刀前来，而后六十天母鸡和狗上房，一年内少妇死亡，凶。

天柱星值辰时，有人从西边拿金器前来，而后七日内得到女人财物，三年内大发横财。

天柱星值巳时，黑牛拉车，猪上山，钟声和鼓声齐鸣，而后二十日内得到商音人财物，六十日内有女人下水，野物入宅，一年内生贵子，这是大发其财的先兆。

天柱星值午时。有人骑马前来，冬天下雪，夏、秋季有乌鸦飞着鸣叫，而后五天孕妇带病走路，穿着孝服哭泣，六十日内在水边得到古代铜器和锡器，财产和人口减少，凶。

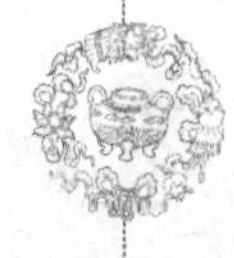

天柱星值未时，女人与和尚、道士同行，东北方人携带雨伞、骑马由此经过，而后因女人见狐狸而家境衰败，大凶。

天柱星位申时，老鹰捕鸟落在地上，身穿青衣的人携带雨伞由此经过，而后三天内天火焚烧住宅，家业因此大败。

天柱星值酉时，东方有大车、小车接连数十辆往前行走，而后七十天由于得到女人的首饰而发财。

天柱星值戌时，女人抱着白布做的东西来到，西北方响起鼓声，北方有树倒下砸人，人又喊又叫，而后六十天蛇和蝎出来伤人，发生瘟疫，人死亡，家业大败，凶。

天柱星位亥时，西北有钟声响起，山下有人喊叫，而后百日内因救火而得到钱财，大吉大利。

天任星

天任占星事皆通，祭祀求官嫁娶同，斩绝妖邪移徙事，商贾送葬喜重重。

天任值子时，主有风雨至，水畔鸡鸣，东南方有人带刀过为应。作用后百日内主妇人离异，有水姓人上门抵赖，退田产后出入男盗女娼，凶。

值丑时，主青衣妇人提酒至，西方鼓声为应。作用后半年内进异方财物，一年内鹦鹉入宅，因口舌得财，三年后猫犬相咬，主发科第，吉。

值寅时，主女人成队至，或拿火来，童子拍手大笑为应；作用后六十日内甑鸣，老翁死，百日内进六畜，女人财宝自来，田蚕发旺，后因缺唇人争婚姻事败。

值卯时，有老人持杖至，喜鹊鸣噪为应，作用后七日内有人送铜铁器物，六十日内因女人得进六畜，赌博赢，官禄至，吉。

值辰时，主有白衣男女同行，或孕妇抱小儿为应。作用后有人送活物至，大吉。

值巳时，主有二犬相争，野人负柴薪，吏人拿伞过为应。作用后六十日得外方人财物，南方人送鱼至，一年内生贵子，发富贵，吉。

值午时，主西方黄色禽鸟飞来，僧道与儒士同行为应。作用后四十日得贵人财宝，紫衣人进宅，生贵子，吉。

值未时，主有白鸟自西南方飞来，北方钟鼓声为应。风雨至。作用后七

日外女人送白衣物或白纸物来，主六畜兴旺。

值申时，主风雨陡至，人打鼓，僧道着黄衣为应。作用后七日内女人被火烧烫伤，凶。

值酉时，主僧道尼姑持火自西南方来，北方钟鼓声为应，作用后七十日内得官员财物，进牛马，喜信至，大吉，钱财丰美，大利。

值戌时，主有女人抱布来，西北方鼓声，北方树木伤人为应。作用后六十日内蛇咬人，凶。若有老人与小儿同来。即解祸为福。

值亥时，主西方磬鸣，人拿火喊叫为应，作用后一年内因救火得财，大利。

白话译释

天任星是吉星，遇之事事皆通，无论祭祀，求官，婚嫁和迎娶，都很吉利；斩绝妖邪，进行迁移。经商求财，修建房屋，安葬死人，都能喜讯不断。

天任星值子时，既刮风又下雨，河边有鸡叫，东南方有人带着刀从这里经过，而后，百日内妇人与丈夫离婚，有姓水的人上门抵赖，把田产退还给他，之后发生男盗女娼之类丑事，凶。

天任星值丑时，身穿青衣的妇人提肴酒前来，西方响起鼓声，而后半年内得到其他地方的财物，一年内有鹦鹉入宅，由于口舌是非而得到钱财，三年内猫和狗相互嘶咬，家里有人科举登第。

天任星值寅时，女人成群结队来到，或者拿着火前来。有小孩拍手大笑与之相应，而后六十足瓦器发出响声，家里老翁死，百日内得到六畜，女人的财宝不取而自来。因种田养蚕而发达兴旺，后因在婚姻问题上与兔唇人发生争执而败落。

天任星值卯时，老人柱着拐杖前来，喜鹊鸣叫与之相应，而后七日内有人送来铜器和铁器等物，六十日内借助女人得到六畜，赌博赢得钱财，并且得到官位和俸禄，吉。

天任星值辰时，有一对身穿白衣的男女同行，孕妇抱着小孩儿前来与之相应，而后有人送来活物，大吉。

天任星值巳时，两只狗相互争斗，野人扛着柴火前来，站吏拿着雨伞由此经过，而后六十天得到外地人的财物，南方有人送来几条鱼，一年内喜得贵子，发达富贵起来，大吉。

天任星值午时，西方有黄色的禽鸟飞来，和尚、道士和儒生同行。而后四十天得到贵人的财宝，身穿紫色衣裳的人进宅，喜得贵子，吉。

天任星值未时，有白色的鸟从西南方向飞来，北方钟声鼓声齐鸣，既刮风又下雨，七天之后女人送白色衣物或白纸前来，于是六畜兴旺。

天任星值申财，突然刮起了风，下起了雨，有人打鼓，和尚与道上身穿黄色衣裳与之相应，而后七日内女人被火烧伤，家业败尽。

天任星值酉时，和尚、道士、尼姑手持灯火从西南方来到，北方钟鼓齐鸣。而后七十天内得到官员财物，增添牛马，喜信送到，钱财丰足，大吉大利。

天任星值戌时，有女人抱布前来，西北方鼓声响起，北方树倒伤人。而后六十天内蛇咬伤人，凶。若有老人和，小孩一同前来，则可以化解凶祸。转祸为福。

天任星值亥时，西方石磬发出鸣声，有人拿着火大喊大叫，而后一年内由于救火而得到钱财，大利。

天英星

天英之星嫁娶凶，远行移徙不宜逢。上官商贾凶败死，造作求财一场空。

天英值子时，主有锣鼓声自西北来；三五人掌火代术为应。作用后一年内主有残病人抵赖破家。三年内自刎，小儿因汤火灾伤。

值丑时，主东北方师巫僧道至，锣声鸣应。作用后一月内火烧房屋。年内犬作人言，百怪俱见，死亡大败，凶。

值寅时，东方有兵马来，及捕鱼人持网过为应。作用后女人路上拾财物，六十日内进寡妇田产，龙雷折屋，凶。

值卯时，主有人提灯笼过，或持米来，雷鸣为应。作用后六十日内进女人财宝发家。

值辰时，主西北方女人携物来，鸡上树为应。作用后七十日野物进宅，大发财产。

值巳时，主有人抱文书持伞盖至，或抱锡磁器为应。作用后六十日内得异性人财产，南方人送活物来，一年内生贵子，发达。

值午时。主有人自南方来着红衣，或骑马持文书至为应。作用后六十日内被木石打死，及自缢，人命官司，凶。

值未时，主有怀孕妇人过，西北方鼓声为应。作用后九十日家主淹死，一年内瘟疫，大败。

值申时，主有孕妇哭泣，西方钟鼓声，僧道拿物过为应。作用后七十日内大凶。

值酉时，主四方有人吵闹，乌鹊鸣噪，白衣女人过为应。作用后主小口女人足疾，百日内因唇舌得财。

值戌时，主女人持瓦器或铁物，怒骂为应，作用后百日内因词讼破财。

值亥时，主有女人掌火来为应。作用后有疯癞人上门抵赖，身死破财。

白话译释

遇到天英星，无论嫁娶都有凶险。运行和迁移也都不宜逢上此星；做官赴任，外出经商都会遇到凶险并且失败甚至死亡，建房求财也会落个一场空。

天英星值子时，锣鼓之声从西北方传来，三五个人手持火把砍伐树木，而后一年内有伤残人、病人前来抵赖，遂因此而败家，并且在三年内自刎而死，小孩子因热水和火灾而被烫伤。

天英星值丑时，东北巫师、和尚、道士前来，锣声响起，而后一年内火烧房屋，一年内狗会说人话，各种各样的怪物事都出现了，人死亡，家业大败。

天英星值寅时，东方有一队兵马奔来，有个打鱼的人手拿鱼网由此经过，而后女人在路上拾到财物，六十日内得到寡妇的一笔田产，雷鸣龙现，摧毁房屋。

天英星值卯时，有人提着灯笼由此路过，或者拿着米前来，雷声轰鸣，而后六十天内得到女人的财宝发家致富。

天英星值辰时，北方女人拿着东西前来，鸡子飞到树上，而后七十日野物进宅，财产大发，家业兴旺。

天英星值巳时，有人抱着文书、拿着雨伞前来，或者抱着锡器、磁器来到，而后六十天内得到外姓人财产，南方人送活物来，一年内喜得贵子，从此家业兴旺发达起来。

天英星值午时，有人从南方来，身穿红色衣裳，或者骑马持文书前来，而后六十日内被树木或石头砸死，并有人上吊自杀，引出一场人命官司。

天英星值未时，有孕妇从此路过，西北方响起鼓声，而后九十天一家之主被水淹死，一年内又染上瘟疫，家业从此大败。

天英星值申时，有孕妇哭泣，西北方钟鼓齐鸣，和尚、道士拿着东西由此经过，而后七十天内大凶。

天英星值酉时，西方有人在吵闹，乌鹊鸣叫，身穿白衣的女人由此路过，而后小嘴女人脚生病，一百天内因口舌争吵而得到钱财。

天英星值戌时，女人拿着瓦器或铁器，发怒并大骂，而后一百天内因调解官司而破财。

天英星值亥时，女人手持灯火前来，而后有个疯子上门要赖，家里有人死亡，并因此而破财。

卷四

三奇到宫克应吉凶

乙奇到乾，有人着黄农至，或扛钱过为应，后六十日内进商音人财产，大发。

到坎，有人着皂衣至，或有鼓声为应。后七日得财。

到艮，有人着白衣至，或缠布来，或用网裹鱼来为应，后一年内进人口。若有人送家禽来者，大吉。

到震，有鱼猎人至，并小儿二人同来为应。后七日内进财宝，若闻东方有产亡者，主大发。

到巽，有白衣人骑马过，或小儿作戏耍为应。后三年内生贵子，进东方财产，若闻东方人家失火，或有缢死者，必大发。

到离，有人着色衣为应，后三十日进横财，若闻东方有刀刃自杀者，必大发。

到坤，有三五女人至为应，后七日进横财，六十日进文契，若闻南方有雷击牛畜者，大发。

到兑，有三五少妇至，或乌鹊成群为应。后三日或三十日进角音人财，大发，或生牛马者，横发。

丙奇到乾，有披衣人至，或乌鹊成队飞来为应。后月内进寡妇财产；文契，若闻南方有生产者，发旺。

到坎，有瞽目人至，及北方有鸟飞来为应，后百日或一年因水火生财，大富。

到艮，有人着青衣至，小儿哭泣，或童子手拿铜铁器物为应；后七日内进财宝，周年内进白马发旺。

到震，有武人持军器至，若春月有雷声或鼓声为应，后十日内外进古铜器，一年内生贵子，北方有龙雷震者，必大发。

到巽，有鼓音、歌乐为应。后七日有色衣人至，家招横财，若闻南方有火警者，必然横发。

到离，有黄色飞禽成队来为应，或一、七日或六十日进坑垅，田蚕发旺。

到坤，有皂衣人至，或鸟鹊在南方鸣为应。后二、七日进南方七人财物。或一年内进牛羊及绝户人财产，大发，若闻东方有鼓声，更吉。

到兑，有人持杖并拿酒器，及抱小儿为应。后更有鼓乐之声，七日进财，周年内进人财，及坤艮二方财产，大发。

丁奇到乾，有人持刀刃至，或牵马过为应。后二、七日内或七十日内动土得财，大发。

到坎，有人抱小儿来，南方云雨至，黑禽自西方来为应。百日内有喜庆婚姻事，大吉。

到艮，有人与小儿打狗为应，后七日或七十日内进黄黑色活物，半年内进人口及田契，发旺。

到震，有二女子着青衣至，或双夫妇至，或黑白禽自南方来为应。后七十日内进黄白活物，大发。

到巽，有小儿骑马过，南方云起，北方下雨为应。后周年人落水淹死，妇人产亡，凶。

到离，有跛足人或瞎眼人至，及小儿骑马过为应。后九十日内因火生财发旺。

到坤，有女人着青衣至，与僧道同行，或黑牛拉车为应，后七十日内因水破财，致败。

到兑，有人抱文书印簿至，或赶牛羊鹿为应，后六十日内进田宅致富。

白话译释

乙奇

乙奇到乾宫，有人身穿黄色衣裳来到，或扛着钱由引贯穿，而后六十日内得到说话发商音的人的财产，从而发大财。

乙奇到坎宫，有人身穿黑色衣裳来到，或者鼓声大作，而后七天内得到钱财。

乙奇到艮宫，有人身穿白色衣装来到，或头上缠着布来到，或者用鱼网裹着鱼来到，而后一年内增加人口，如果有人送家禽来，则大吉。

乙奇到震宫，有渔夫、猎人来到，并有两个小孩一同前来与之相应，而后七日内得到财宝，如果听说东方有人因生孩子而死亡，必定大发其财。

乙奇到巽宫，有身穿白色衣裳的人骑着马由此经过，或小孩玩要与之相应，而后三年内会喜得贵子，得到东方人的财宝，如果听说东方人家失火，或者有人上吊死亡，必大发其财。

乙奇到离宫，有人身穿带颜色的衣裳来到，而后三十天大发横财，如果听说东方有人用刀自杀，必定大发其财。

乙奇到坤宫，有三五个女人来到，而后七日得到横财，六十日得到文书契约，如果听说南方有雷击死了牛，则大发其财。

乙奇到兑宫，有三五个少妇来到，或者出现成群的鸟鹊，而后三天或三十天得到说话发角音的人的钱财，大发其财，或者生下牛犊、马驹，大发横财。

丙奇

丙奇到乾宫，有一个披衣的人来到，或者鸟鹊成队飞来，而后一个月内得到寡妇财产与文书契约，如果听说南方有人生孩子，发达兴旺。

丙奇到坎宫，有盲人来到，并有鸟从北方飞来，而后一百天或一年后由于水灾、火灾而生财，并大富。

丙奇到艮宫，有人身穿青色衣裳来到，小孩哭泣，或儿童手拿铜器、铁器前来与之相应，而后七日内得到财宝，一年内添白马，发达兴旺。

丙午到震宫，有武人即当兵的手持兵器来到，如果春天有雷声或鼓声与之相应，而后十天左右得到古代铜器，一年内喜得贵子，并且北方出现龙和雷震，必定大发其财。

丙奇到巽宫，有人敲鼓、唱歌，而后七天有身穿带色衣裳的人来到，给家里招来巨额钱财，如果又听说南方有火警，必然大发横财。

丙奇到离宫，有黄色飞禽成队飞来，或者十七日或六十日得到水塘由地通过种田。养蚕而兴旺发达。

丙奇到坤宫，有身穿黑衣的人来到，或者鸟鹊在南方鸣叫，而后二十七日得到南方七个人的财物，或一年内得到牛羊和无儿无女者的财产，大发其财。如果听到东方有鼓声响起，则更为吉利。

丙奇到兑宫，有人持杖并手拿酒器，抱着小孩来到，而后又有鼓乐之声

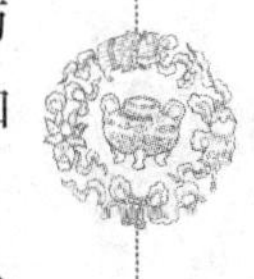

响起，七日内增添财物，一年内得到别人钱财，和坤、艮二方即西北方、东北方的财产，则大发其财。

丁奇

丁奇到乾宫，有人拿刀前来，或者牵马路过，而后二十七天内或七十天内会因动土而得财，家业大发。

丁奇到坎宫，有人抱小孩来到，南方云雨也来到，黑色飞禽从丁方飞来。一百天内喜结姻缘，大吉。

丁奇到艮宫，有人和小孩一起打狗，而后七天或七十天家里进了活物，半年内添人进口和得到田地契约，发达兴旺。

丁奇到震宫，有两个女子身穿青衣来到，或者两对夫妇来到，或者白色和黑色飞禽从南方飞来，而后七十天内家里进黄色和白色活物，大发其财。

丁奇到巽宫，有小孩骑马经过这里，南方云起，北方下雨，而后一年家人落水淹死，妇人生孩子难产而身亡，凶。

丁奇到离宫，有跛足人或盲人来到，和小孩骑马路过，而后九十天内因火而发财兴旺。

丁奇到坤宫，有女人身穿青衣来到，与和尚、道士同行，或者黑牛拉车，而后七十天内因水而破财，招致家业衰败。

丁奇到兑宫，有人抱着文书和印簿来到，或在赶着牛、羊、鹿与之相应，而后六十天内得到田地和住宅，从而致富。

十干克应捷法

六甲天德贵有余，名“天福”，阳日青衣男人为应，三日内得禄，吉。

六乙僧道九流，宜名贤，天贵主高。阳日阳星为男贵人，阳日阴星主僧道为应。八日或八十日，主有光辉喜事至，吉。

六丙飞龙见赤白，名天威，行逢骑赤白马人着青衣为应。七日或七十日进财宝文契。

六丁玉女好容仪，名玉女，阳日大女人，阴日少女人为应，二十七日进古器。

六戊旗枪并锣鼓，名天武，阳日锣鼓声，阴日歌唱声，年内进武人财。

六己黄衣并白衣，名地户，阳日黄衣男人，阴日白衣女人，或一男一女并行为应，五十日有远亲至。

六庚丧服并兵吏，名天刑，阳日阳星为兵吏，阴日阴星为孝服人应。四十九日内有文字官事。

六辛禽鸟并鸦飞，名天庭，阳日阳星为白人，阴日阴星为飞鸟应。年内因口舌作牙，得财。

六壬雷霆及雨雪，名天牢，主千里雷霆，阳日阳星皂衣人，阴日阴星白衣人应，年内进人口。

六癸孕妇喜欣归，名天藏，阳日阳星为渔猎人，阴日阴星为孕妇应。六十日得铜镜。

白话译释

这里说的是推算十干克应的简便方法。(“十干克应”见前)

六甲天德贵在有余，阳日见身穿青衣的男人，三日内便会得到俸禄，吉利。

六乙出现和尚、道士和九流中人，宜于名贤，天贵主高位，阳日和阳星为男贵人，阳日阴星主和尚、道士与之相应。八日或八十日。会出现光辉照人的喜事，极为吉祥。

六丙飞龙见赤白二色，名为天威，得路遇见骑赤色和白色马的人身穿青表，七日或七十日家里进财宝和田地丈书。

六丁玉女好仪容，名为玉女，阳日有大女人，阴日有少女，二十七日家里进古代器物。

六戊旗枪并锣鼓，名为天武，阳日有锣鼓声，阴日有唱歌声，年内家里会得到武人的钱财六己黄衣并白衣，名为地户，阳日黄衣男人，阴日白衣女人，或一男一女并行，五十日内远亲来到。

六庚良服并兵吏，名为天刑，阳日阳星为兵吏，阴日阴星为孝服人，四十九日内有官方公丈送来。

六辛禽鸟并鸦飞，名为天庭，阳日阳星为白人，阴日阴星为飞鸟，年内因口舌是非得财。

六壬雷霆及雨雪，名为天牢，千里之外雷霆大作，阳日阳星为黑衣人，阴日阴星为白衣人，年内添人进口。

六癸孕妇喜欣归，名为天藏，阳日阳星为渔夫猎人，阴日阴星为孕妇，六十日内得铜镜。

开门克应

开门欲得照临来，奴婢牛羊百事回。财宝婚姻田地人，兴隆宅舍有资财。产业招得商音送，巳酉丑年人必来，荫袭子孙多拜授，紫衣金带沐恩回。

问曰："开门属金，以天地肃杀之气，万物俱尽之时，何以谓之吉?"

衢仙答曰："开门之金，固是万物杀尽之时，却不知万物杀尽而有复生。"

开门属乾，乾中有亥，乾纳甲壬，金动水生，水生而生万物，故为资生万物之初。又为天门，所以吉也。若得乙奇相合，名为天遁，得日精所蔽，与丙奇合，得月精所藏，与丁奇合，得太阴所蔽。凡有谋为，宜名正言顺公事从之，而百占百泰。若为私之事，必被他人泄漏，反遭凶咎。喜乾兑之宫，为相气，入坎宫，为旺气。金水相生，如母顾子，所以为吉。出行四里或四十里见猪鼠等物，六十里见贵人车马，逢酒食事。艮宫入墓，震宫为迫，又为四气。巽宫反吟，离宫金被火克，不利，开门出者，三十里见贵人骑马吉；四十里见猪马有酒食，吉；乙奇临见贵。人者红衣，丙奇临见老人持杖，丁奇临见人执竹木等物为应，吉。

动应

开门加开，六里六十里见贵人，及斗打者为应。

加休，一里十一里逢四足畜物相斗，妇人着皂衣，及文人言功名事。

加生，八里十八里逢阴人并四足物，或阳人言争产财帛事。

加伤，三里十三里逢妇人车马，随人弄火。

加杜，四里十四里逢阳人急唱或僧道为应。

加景，九里十一九里逢贵人骑马或抱文书为应。

加死，二里十二里逢老人啼哭，或开土埋葬为应。

加惊，七里十七里逢兄妹同行为应。

静应

开门加开，主贵人宝物财喜。

加休，主见贵人财喜，更主开张铺店，贸易大利。

加生，主见贵人，谋望所求遂意。

加伤，主变动更改、移徙事，皆不吉。

加杜，主失脱刊印书契，小凶。

加景，主见贵人，因文书事不利。

加死，主官司惊忧，先忧后喜。

加惊，主百事不利。

占命，金水命者吉利，土命平稳，火木二命主官司、疾病、破财，不利。

断曰：开门加甲财名俱得。

加乙小财可求。

加丙贵人印绶。

加丁远信必至。

加己事绪不定。

加庚道路词讼谋为两歧。

加辛阴人道路。

加壬远行有失。

加癸失财小凶。

又歌云：

见官得理，作事欣然，觅人得见，大利上官，求财必遂，病人易安。出行合伴，行人将还。贸易开张，移徙欣然，谒贵利济，造作获安。百事悉吉，无不洞然。

休门克应

休门最好聚资财，牛马猪羊白送来。外日婚姻南方应，迁官职位坐京台。定进羽音人产：业，居家安庆永无灾。

问曰："休门属水，无物不杀，霜雪之寒，纯阴之气精，玄武之精，三光不照，鬼邪所居之宫，何以为吉？"

衢仙答曰："休门之水固为至阴之地，实系宝瓶宫，万物以水为生煞而发扬于外，以水为死气收敛归根而藏精于内。子者，乃一阳复始之初，草木值此而萌动，返本还源之门，所以吉也。休门与丁奇合，下临太阴，为人遁，得星精所蔽，百事皆吉，旺于震宫，相于坎宫，生于乾兑宫，皆吉。坤艮中宫被土克制，巽宫入墓，离宫反吟，不利，宜谒贵、取和舍，百事皆吉。出行五十里见蛇鼠，水中黑色之物为应。"

静应

休门加休，求财进人口，谒贵吉，朝见、上官、修造大利。

加生，主得阴人财物，并于贵谋望，虽迟应吉。

加伤，主上官喜庆，求财不得，有亲故分产，变动事不吉。

加杜，主破财，失物难寻。

加景，主求望文书印信事不至，反招口舌，小凶。

加死，主求文书印信，官司事，或僧道远行事不吉。占病凶。

加惊，主损财招盗，并疾病惊恐事，破财不利。

加开，主开张店肆，及见贵求财喜庆事大吉。

动应

休门加休，一里或十一里逸青衣夫妇歌唱为应。

加生，八里十八里逢妇人下黑黄，或皂衣公吏人。

加伤，三里十三里逢匠人拿木棍或皂衣公吏人。

加杜，四里十四里逢青衣妇人引孩童行唱。

加景，九里十九里逢皂衣公吏人骑骡马。

加死，二里十二里逢孝服人哭泣，更有绿衣人相伴。

加惊，七里十七里逢皂衣人打足，妇人引孩童。

加开，六里十六里逢人打架，叹气，畜物斗敌。

断曰：休门加甲戊，财物和合；加乙，求谋重不得，求轻得；加丙，文书和合喜庆；加丁，百讼休息；加己，暗昧不宁，后吉；加庚，文书词论，后解和；加辛，病疾迟愈，失物不得；加壬癸、阴人词讼牵连。

占身命：木命者大利，金命者脱耗，土命者灾疾，火命者大凶。丙丁戊己巳午辰戌丑未年月日时者不利。

生门克应

生门临着土星辰，人财资旺各称情。子丑年中三七月，牛羊鞍马进门庭。蚕谷丝绵皆丰足，朱紫儿郎在帝京。南方商音田土进，子孙禄位至公卿。

问曰："生门艮主，少阳之方，何以为至吉？"

衢仙答曰："艮者寅位，天开于丁地辟于丑，人生于寅，天气至此而三阳俱足开泰，从此而万物皆生。阳回气转，天地好生之情而广及万物，十二道生焉，所以为至吉之门。生门与乙奇合下临九地，为地遁，得日精所蔽，吉。与丙奇合得月精所蔽，为天遁。与丁奇合，得星精所蔽，为人遁，百事大吉。"

生门宜上官、修造，嫁娶、求财、牧养，皆大吉，出六十里主见贵人车马，吉。临乾兑二宫为旺，中宫为相，皆吉；坎宫为迫，震宫被木克制，巽宫人墓，皆不利。生于离宫，吉。

静应

生门加生，主远行求财产，吉。

加伤，主亲友变动道路，不吉。

加杜，主阴谋阴人破财，不利。

加景，主阴人小口不宁，及文书事，后吉。

加死，主田宅官司，病主难救。

加惊。主尊长财产词讼，及病迟愈，吉。

加开，主见贵人，求财大发。

加休，主阴人处，求望财吉利。

占身命：火土金命者大利，水木命者，不利，多厄难，更忌甲乙寅卯年月日时者，不利。若壬癸命主肿胀，凶。

生门加甲戌，嫁娶求财、谒贵皆吉；加乙，主阴人生产迟吉；加丙，主贵人印绶、婚姻、书信喜事；加丁，词讼、婚姻、财利、出行大吉：加巳，主得贵人维持，吉；加庚，主财产争讼，破产，大失不利；加辛。主产妇疾病，后吉；加壬，主遗失财后得，贼盗易获；加癸，主婚姻不成，余事皆吉。

动应

生门出者，八里十八里见贵人车马，或公吏皂衣人。乙奇临，见兔或二鼠相咬。丙奇临，见病人足，或二人争财吵斗。丁奇临；见渔猎人，此方大利，百事俱利。

生门加生，八里十八里逢朱衣贵人。

加休，一里十一里逢皂衣及扛钱人。

加伤，三里十三里逢公吏人持棍或培土栽树。

加杜，四里十四里逢人拿彩色物行喝，并长叹息者。

加景，九里一十九里逢贵人车马，相随多人。

加死，十里十二里逢孝服人哭泣。

加惊，七里十七里逢人赶畜及有人说词讼事。

加开，六里十六里逢贵人车马，并有蛇咬猪者。

伤门克应

伤门不可说，夫妇主灾遁。疮病行不得，折损血财牲。天灾人枉死，经年有病人。商音信难得，余事不堪陈。

问曰："伤门属木，正值春分之时，嫩甲发生，当以吉看，如何反以凶论？请问其详。"

衢仙答曰："伤门之木，正值春分之气，精液日内而出，发阳于外，以致

根本泄之太过，所谓以外华而内虚，而不能胜其劳，况二月中嫩甲不能当霜露之寒，因谓之伤，所以凶也。”

伤门得奇，惟宜捕捉逃亡、盗贼、渔猎、索债、赌戏等事，则吉。若上官、出行、嫁娶、商贾、修造、埋葬皆不利，大凶。

静应

伤门加伤，主变动、远行，皆主折伤，凶。

加杜，主变动、失脱、官司、桎梏、百事凶。

加景，主文书印信、口舌、动挠、啾唧。

加死，主官司印凶，出行大忌，占病凶。

加惊，主亲人疾病、忧惧，谋伐不利，凶。

加开，主贵人开张有走失变动之事，不利。

加休，主阳人变动或托人谋干财名不利。

加甲戊，主失脱难获。

加乙，主求谋不得，反防盗失财。

加丙，主道路损失。

加丁。主音信不的。

加己，主财散人病。

加庚，主讼狱被刑杖凶。

加辛，主夫妻怀私怨恣。

加壬，主囚盗牵连。

加癸，主讼狱被冤，有理难伸。

动应

伤门出者三十里见人争斗，见鱼人或畜争斗敌，宜辟之，大吉。

伤门加伤，三里十三里逢二车塞道争行。

加杜，四里十四里逢公吏人及木匠伐树，并有妇人抱小儿过。

加景，九里十九里逢色衣人骑骡马过。

加死，二里十二里逢埋葬及孝服人哭泣。

加惊，七里十七里逢人斗打及赶畜，并有妇人与少女同行。

加开，六里十六里逢人折墙安门解板，或二猪相咬。

加休，一里十一里逢老妇与少男同行。

加生，八里十八里逢人伐树，或培土。

占身命：水火木命者吉，金命者主病，土命者凶，官司刑杖。

杜门克应

杜门原属木，犯者灾祸频。亥卯未年月，遭官入狱追，生离死别事，六畜也多瘟。跌打见脓血，祸害及子孙。

问曰：“杜门阳木值夏冬繁盛之时，本为旺气，何以凶论?”

衢仙答曰：“杜门阳木，时值夏冬，发生于外而津液已泄，阳气亢极，一阴将至，木性至此而力屈，欲收敛而不能收敛，欲生旺而力已尽，又不能不泄其力以实其子，而待阴伏藏其子于坚密之处，恐有伤于子，故谓之杜门小凶。”

杜门为藏形之方，为宜躲灾避难，塞穴捕捉则吉，余事皆不利。

杜门加杜，主因父母疾病，田宅出脱事，凶。

加景，主文书印信阻隔，阳人小口疾病，迟疑不利。

加死，主田宅文书失落，官司破财，小凶。

加惊，主门户内忧疑惊恐，并有词讼事。

加开，主见贵人官长谋事，主先破已财后吉。

加休，主求财有益。

加生，主阳人小口破财，及田宅求财不成。

加伤，主兄弟相争由产破财。

加甲戊，主谋事不成，密处求财得。

加乙，宜暗求阳人财物，后主不明至讼。

加丙，主文契遗失。

加丁，主阳人讼狱。

加己，主私谋害人招非。

加庚，主因女人词讼被刑。

加辛，主打伤人词讼，阳入小口，凶。

加壬，主奸盗事，凶。

加癸，主百事皆阻，病者不食。

动应

杜门出三十里逢男女同行歌唱，六十里逢恶人。乙奇临，见少妇着色衣。丙奇临，见火光烧屋或烽火之物。丁奇临，见人骑马带弓弩。

杜门加杜，四里内逢妇人引儿孙着绿衣。

加景，九里十九里逢孕妇着色衣，或公吏人骑赤马。

加死，二里十二里逢丧服人哭泣。

加惊，七里十七里逢歌唱，锣鼓声，或人言公讼事。

加开，六里十六里逢歌唱及犬咬猪。

加休，一里十一里逢唱戏，或皂衣妇人抱孩儿。

加生，八里十八里逢人扛钱或手拿食物并唱词。

加伤，三里十三里逢木匠拿木棍。

占身命：火命者发贵，水命者发富，木命者平稳，金命者疾病，土命者官司凶。若金年月日时或土年月日时者不利。如逢水火年月日时者吉。

景门克应

景门主血光，官符卖田庄。祸灾应多有，子孙受苦殃。外凶并恶死，六畜也见伤。生离并死别，用者须提防。

问曰："景门属火，南方夏令正值阳明之域，何以为凶也？"

衢仙答曰："景门夏令之气，万物壮旺将老之时，与死门坤宫相近，又为阳之盛气，天数至此时，将有杀物之情，虽主上明下亮之方，亦不全吉，惟利文书之事，因为次吉。"

景门用事，推宜上书献策、奏对、选拔将士，吉，余者不利。坤艮中宫吉，三四宫平之，一宫迫吟，六七宫迫宫大凶。若得三奇，疑宜设计；行诈、破阵、火攻、号令、封功赏爵等事。

静应

景门加景，主文状未动有预先见之意，内有阳人小口忧患。

加死，主官讼，因田宅事争，多啾唧。

加惊，主阳人小疾病事，凶。

加开，主官人升迁，古，求文印更吉。

加休，主文书遗失，争讼不休。

加生，主阴人生产，大喜，更主求财旺利，行人皆吉。

加伤，主烟亲眷小口角，或隙挠乱。

加杜，主失脱文书，散财后平。

加甲戊，主因财产词讼，远行吉。

加乙，主讼事不成。

加丙，主文书急迫，火速不利。

加丁，主因文书印状招非。

加己，主官司牵连。

加庚，主讼人自讼。

加辛，主阴人词讼。

加壬，主因贼牵连。

加癸，主因奴婢致祸。

占身命：主火灾。水命者大凶，金命者疾病，木命者中平，土命者富。若值金水年月日时者不利。(缺火命者，原书脱)。

动应

景门出三十里外赤纹大蛇，七十里因水火失物。若强有作为，主东家长及小口。

景门加景，九里十九里送人抱文书，更有火光惊恐。

加死，二里十二里逢丧服人哭泣，色衣人骑马。

加惊，七里十七里逢争讼斗打，宜避之。

加开，六里十六里逢人成队行，官人骑马。

加休，一里十一里逢女人哭泣与卖鱼人并行。

加生，八里十八里逢小儿赶牛，人背钱以袋装之。

加伤，三里十三里逢色衣女人坐车轿或乘骡马。

加杜，四里十四里送老少妇领黑衣子行。

死门克应

元死之方最为凶，人命逢之祸不轻，犯者年年财产退，更防孝服死人丁。

问曰："死门属土，又系黑星分夜之方，秋冬之气，天地肃杀自此而始彰，门凶、星凶，当弃之而不用，不知此门宁可用之?"

衢仙答曰："死门之凶，天地令行大肆肃杀之感，草未卯色变；木逢叶落，故为凶象。若得奇相助，而吊死刑捕捉畋猎之事，有得吉者，顺天之序而然也，不可弃。"

静应

死门加死，主官司而留印信，元气凶。

加惊，主因官司不结，忧疑患病凶。

加开，主贵人求印信文书事，大利。

加休，主求财物事，不吉，若问僧道求方吉。

加生，主丧事，求财得，占病死者复生，吉。

加伤，主官司动而被刑杖凶。

加景，主因文契印信财产事见官，先怒后喜，不凶。

加甲戌，主作伪财。

加乙，主求事不成。

加丙，主信息忧疑。

加丁，主老阳人疾病。

加己，主病讼牵连不已，凶。

加庚，主女人生产，子母俱凶。

加辛，主盗贼，失脱难获。

加壬，主讼人自讼自招。

加癸，主嫁娶妇女事凶。

动应

死门出者，二十里逢病人，三十里逢孝服血光事，虽有三奇，亦不吉，丙奇临，逢抱文书，乙奇临，见丧葬物，或纸扎物，丁奇临，逢少妇孝服哭泣。

死门加死，二里十二里逢妇人二泣凶。

加惊，七里十七里逢良哭泣或死畜物类。

加开，六里十六里逢开坟哭泣，或畜斗伤。

加休，一里十一里逢青衣妇人哭泣。

加生，八里十八里逢孝子拿生物大恸。

加伤，三里十三里逢人抬棺椁。

加杜，四里十四里逢埋葬及纸扎彩色物。

加景，九里十九里逢重孝人哭泣退吉进凶。

占身命：主有孝服病死之凶，水木命并年月日时者大凶。余平。

惊门克应

惊门主争讼，瘟疫死人丁，辰年并酉月，飞祸近门庭。惟宜讼事；捕捉、博戏吉，余皆凶。

问曰："惊门属金，值八月秋令，万物俱老，天地大示肃杀之威，亦不可弃乎?"

衢仙答曰："惊门气肃，物数苍老，本无生气，固凶，但天地存好生之心，不欲杀尽而生蒜、麦，亦不得已而杀也。此门虽凶，若误问献诈，捕捉设疑，伏兵，皆吉，亦不可弃。"

静应

惊门加惊，主疾病忧虑惊疑。

加外，主忧疑，官司惊恐，又主见喜不凶。

加休，主求财事或因口舌，求财事迟吉。

加生，主阅妇人生产忧惊，或因求财生惊忧皆吉。

加伤，主因商议问谋害人事泄，惹讼凶。

加杜，主因失脱破财，惊恐不凶。

加景，主讼词不息，及小口疾病凶。

加死，主因宅：户怪异而生是非凶。

惊门加甲戊，主报财信阻。

加乙，主谋财不得。

加丙，主文书印信惊恐。

加丁，主词讼牵连。

加戊，主囚田宅致讼。

加己，主恶犬伤人成讼。

加庚，主道路损折，贼盗凶。

加辛，主女人成讼凶。

加壬，主官司囚禁，病者大凶。

加癸，主被盗贼，失物不获。

占身命：主词讼、官灾口舌，血光之事。若丙丁巳午年月日时占者凶。甲乙寅卯年月日时占者亦不利。

动应

惊门出者三十里逢群鸟鹊噪，六畜相触，四十里见人争打则言；若九七十里必有折损之凶，不可前往。

惊门加惊，七里十七里逢二女吵闹，傍人说打官司；

加开，六里十六里逢官吏役人争讼。

加休，一里十一里逢青衣妇人说官司；

加生，八里十八里逢女人引童子赶牛，小儿拿吃物。

加伤，三里十三里逢男女吵闹打孩子，宜退回，若强行，主车折马死凶。

加杜，四甲十四里逢僧道同行，或男女同相商。

加景，九里十九里逢色农妇人说官司。

加死，二里十二里逢女人哭泣及丧亡者。

白话译释

开门克应

如果得到开门，奴婢、牛羊事事有利，财宝、婚姻、田地都会得到，宅舍兴隆资财富有。商音人送来产业，巳年、酉年、丑年有人前来封官授爵，子孙可以荫袭祖业，穿戴着高官的紫衣和金带、沐浴着皇恩，衣锦还乡。

有人问："开门属金，有天地肃杀之合，为万物都收藏净尽之时，为什么还说吉利呢?"

衢仙答道："开门的金，固然是万物杀尽之时，但应当知道万物杀尽之后又有复生之时。"

开门属乾，而乾中有亥，乾纳甲壬，金一动则生水，一有水万物就开始生长了。因此水是万物得以滋生的初始和渊源。开门又是天门，所以吉利。如果能够得到乙奇与之相合，名为天遁，可以得到日精的佑护，与丙奇相合，得月精的佑护。与丁奇相合，得太阴的佑护，只要有所作为，应当名正言顺地公事公办，事事顺利。如果干见不得人的事，必定被别人揭发出来，反而会遭凶祸或灾难。开门喜人乾宫和兑宫，此时为相气；入坎宫，为旺气。这样就是金转化为水，其状如母亲照抚孩子，所以是吉。遇开门，由行四里或四十里见到猪和老鼠等物，六十里见封贵人的车马，并通设宴款待之类的喜事。艮宫入墓，震宫为迫，又方四气；巽宫反吟，在离宫金被火所克；不利，但遏开门而外出的人，走三十里见到贵人骑马，则吉，四十里见到猪、马，又有酒宴，也吉。乙奇临见贵人穿红衣，丙奇临见老人拄拐杖，丁奇临见有人手执竹、木等物与之相应，吉祥。

"应"就是事应，即出现什么先兆和得到什么结果。

入门克应。指天盘的门加临地盘的门，和天门的门加临地盘的天干。文中的"开门加开"，意思就是天盘的开门加临地盘的开门。余信此。

"应"又分动应和静应二类。

下同，不再说明。

休门克应

如果得到休门，最易于积累财富，容易得牛、马、猪、羊，简直会自己送上门来；和南方人家结成婚姻，不断升官，进入京城成为朝廷重臣；必定会得到羽音人的产业，退休居家，生活安乐喜庆，永远没有灾祸！

有人问："休门属水，而水杀万物，有霜雪之寒，纯阴之气，玄武之精，这里三光不照，为鬼邪所住的地方，为什么是吉方?

衢仙答道："休门之水，固然是最阴之地，然而它其实是宝瓶宫，万物以水为生煞而发折于外，以水为死气收敛，归根而藏精于内，况且水是一阳复始的起点，草木遇此而萌动，为万物返其本而还其源的门径，因此为吉。休门与丁奇相合下临太阴，为人遁，得到星精的佑护，事事都吉，旺于震宫，相于坎宫，生于乾宫和兑宫。都吉。坤宫、艮宫、中宫被土克制，巽宫入墓，离宫反吟，不利，应当谒贵人、取和舍，如此则事事吉祥。出行五十里而见蛇和老鼠，水中有黑色的东西与之相应。”

生门克应

生门临土星，人口和资财都兴旺，子年和丑年的三月、七月，会有牛羊鞍马进门之喜，粮食、丝帛都丰足，孩子会成为身穿朱紫的朝廷要员。

有人问：“生门临艮宫属土，是少阳之方，为什么是最吉之门？”

衢仙答道：“艮在寅位，天开于子位，地辟于丑位，人生于寅位，天气至此，三阳都充足开泰，从此万物都开始生长，阳回气转，天地好生之情广泛波及万物，仁爱之道就产生了，因此生门是最吉祥之门。生门与乙奇相合而下临九地，为地遁，得到日精的佑护，吉祥。与丙奇相合，得到月精的佑护，为天遁。与丁奇相合，得到星精佑护，为人遁，百事大吉。”

遇生门宜升官赴任，修造宅舍，男婚女嫁，求财牧养，事事大吉。出门走六十里，主遇见贵人车马，吉。临乾宫和兑宫为旺，临中宫为相；都吉。坎宫为迫，震宫被木克制。巽宫入墓，都不利。生于离宫，吉祥。

伤门克应

伤门很凶，凶得不可言说，夫妇都会遭灾，长疮，生病，损失财物和牲畜，既有天灾又有人祸，家人受冤枉而死，常年有病人，事事不利。

有人问：“伤门属木，正值春分之时，万物幼芽萌发，本应当是吉祥之门，为什么反而会凶？”

衢仙答道：“伤门之木，正值春分时节，精液从内部出来，阳气发到外边，从而造成元气外泄太多，造成所谓外华而内虚，从而极度疲惫。况且二月里嫩芽又档不住霜露的寒冷，因此才称为伤，才说它凶。

伤门得奇，宜于捕捉逃亡盗贼、捕鱼、打猎、讨债、赌博，等等，吉祥。如果升官赴任，外出远行，男婚女嫁，经商求财，修建宅舍，埋葬死人，都不利，大凶。

杜门克应

杜门原本属木，犯了此门灾祸频繁，亥年、卯年、未年以及亥月、卯月、未月，吃官司入牢狱，有生离死别之事，和六畜遭瘟疫；还会跌伤或被打，并且祸及子孙。

有人问：“杜门属阳木，正值夏冬繁盛之时，本来有旺气，为什么会

凶呢？”

衢仙答道：“杜门属阳木，对间正值夏冬，其气发于外而津液已经泄出，阳气过分旺盛，阴气将要到来，水性至此其力量已经枯竭，想收敛却不能收敛，想生旺而力量已经完了，却又不能不泄其力，以充实其子，而待阴伏起采把其予藏在坚密之处，又怕伤害到其子，所以说杜门为小凶之门。”

杜门为隐藏形迹的地方，宜于躲灾避难，堵住洞穴捕捉野兽则吉，干其他事则不利。

景门克应

景门主血与火之灾，吃官司，卖田庄，灾祸很多，子孙受苦遭殃；在外遭凶险而恶死，六畜都会受伤害；多生离死别之事，遇之须多加提防。

有人问：“景门属火，正是南方夏季黎明的地方，为什么有凶呢？”

衢仙答道：“景门有夏季之气，万物正值状旺将老之时，跟死坤宫相近，又是阳之盛气，天数到此的时候，将有杀物之情，虽然主上明下亮之方，也不会全吉，只利于书信公文这类事情，所以是次一等的吉祥之门。”

见景门而做事，只宜于上书献策；奏对和选拔将士，吉利，其余的事情都不利。乾宫、艮宫、中宫吉，三、四宫平平，一宫迫吟，六七宫迫宫，大凶。若得到三奇，又宜于设计谋，行诈术，破敌阵，火攻出战，发布号令，封功赏爵等事。

死门克应

死门最为凶险，人命逢到它灾祸深重，犯之者财产年年减少，更应当防备死人。

有人问：“死门属土，又是黑星分夜之方，秋冬之气，天地肃杀从此才开始显示出来，门凶，星凶，应当弃而不用，不知为什么还要用此门？”

衢仙答道：“死门之凶，在于天地令它行大肆肃杀之威，草被吹而变色，木逢之而叶枯，因此是凶象。如果得奇相助，做捕捉、打猎这类事，也有得吉的，这是顺就天时的结果，不可放弃不用。”

惊门克应

惊门也是凶门，主打官司、瘟疫、死亡，辰年和酉月，会有横祸飞来，只宜于打官司、捕捉、赌博，吉利，其他事情都凶。

有人问：“惊门属全，值八月秋节，万物都衰老，天地显示其肃杀之威，此门不也是可以弃而不用吗？”

衢仙答道：“惊门之气肃杀，万物都衰老了，本来没有生气，但是天地有好生之心，不想将万物杀完，还保留了蒜、麦之类作物，杀其他，是出于不得已，这个门虽然凶险，如果用假话献诈，为捕捉而设疑，伏兵，都吉，所以也不可弃之不用。”

五假法

景门合乙丙丁三奇，下临地盘九天宫者，名日天假。乙为天德，丙为天威，丁为太阴。凡三奇之灵，宜陈事，利便进谒干求之事；大吉。

杜门合丁己癸，下临地盘九地宫者，名日地假。宜潜藏埋伏。此三时宜遁迹藏形。

杜门合丁己癸，下临地盘太阴宫者；亦名地假。宜遣人行间谍，谋探私事。又，如六合宫，亦名地假。宜逃亡躲灾避难。

伤门合丁己癸三干，下临地盘九地宫者，名日神假。利埋葬伏藏，人不能知也。

惊门合六合，一作六壬，下临地盘九天宫者，名日人假。利捕捉逃亡，若太白荧惑己，其下必获。

死门合丁己癸，下临地盘九地宫者，名日鬼假，利超亡荐度。一作临三隐宫，疑即地盘之三吉门也。

以上五假，各取其宜而用之可也。

白话译释

五假，即天假、地假、人假、神假、鬼假，其数为五，统称“五假”。这是奇门遁甲的五个吉格。

天假

景门合乙、丙、丁在奇，下临地盘九天宫，名为天假。乙奇为天德，丙奇为天威，丁奇为太阴得此三奇之灵气，宜于陈述事务，便利于谒见贵人求取官禄之事，大吉。

地假

杜门合丁、己、癸三干，下临地盘九地宫，名为地假。宜于潜藏不出，埋伏不动，此三时宜隐藏形迹。

杜门合丁、已、癸三干，下临地盘太阴宫，也名为地假。宜于派人充当

间谍，探查私事。又，如果下临六合宫，也名为地假。宜于逃亡，躲灾、避难。

神假

伤门合丁、已、癸三干，下临地盘九地宫，名为神假。利于埋葬死人，隐伏不动，如此，则别人都不知道。

人假

惊门合六合，或合六壬，下临地盘九宫，名为人假。利于捕捉逃亡。若太白金星、荧惑火星合已干，其下必获。

鬼假

死门合丁、已、癸三干，下临地盘九地宫，名为鬼假。利于超度亡灵。一作下临三隐官，疑就是地盘的三吉门。

以上五假，可以各取其宜而使用。

三诈法

凡事宜开、休、生三吉门，即不得乙丙丁三奇亦吉。又取阴神相助，谓之三诈。有地盘九地、太阴、六合三神助奇，谓之阴门得助，再得地盘古门相助之，全吉。

若开、休、生三吉门，合乙丙丁三奇，无地盘太阴、六合、九地者，谓之有门无遁阳，有奇尤阴，凡事有七分之利。

开、休、生三吉门，合三奇，下临地盘太阴官者，再得吉门，此门官当作吉星相助，谓之真诈。利施恩隐遁，祈祷求仙，吉。

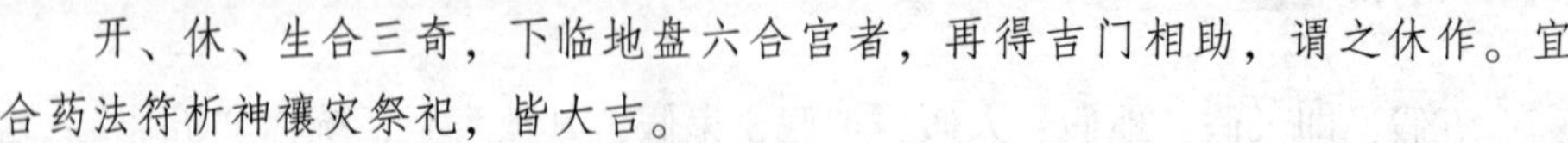

开、休、生合三奇，下临地盘六合官者，再得吉门相助，谓之休作。宜合药法符析神禳灾祭祀，皆大吉。

开、休、生合三奇，下临地盘九地官者，再得吉门相助，谓之重诈。宜收降、添兵，进人口、纳财、袭爵、拜绶，皆吉。

以上诈门，凡事进行，商贾嫁娶，百事大吉。

白话译释

三诈即真诈、重诈、休作，其数为三，合称“三诈”。这是奇门遁甲的三个吉格。

无论做什么事都宜于遇到开门、休门、生门这三个吉门。纵然不见乙、丙、丁三奇也吉利。又取阴神前来相助，所以称为三诈。有地盘的九地、太阴、六合这三神前来帮助三奇，称为阴门得助，若再得地盘吉门前来助它，则全吉。

如果开门、休门、生门这三个吉门，合乙奇、丙奇、丁奇，而没有地盘的太阴、六合、九地、称为有门无遮阳，有奇无阴，无论什么事只有七分之利。

开门、休门、生门这三个吉门合三奇，下临地盘太阴宫，再得吉门，这门宫当作吉星相助，称为真诈。利于好人施感恩和隐蔽，祈祷求仙，吉祥。

开门、休门、生门这三个吉门合三奇，下临地盘六合宫，再得吉门相助，称为重诈。宜于收降、增兵、增加人口、收进财物、袭爵位和拜印绶，皆吉。

以上三诈门，无论干什么，如经商和嫁娶等等，事事大吉。

卷五

九遁变化法

开、休、生三吉门，天盘丙奇，下临地盘了奇者，皆名天遁。得月精所蔽，或临地盘九地太阴者，亦名天遁。可以遁迹隐形，若乘天月二德、天恩、天赦、日禄、喜神者，百事皆吉。乘朱雀，主文书奏对。乘螣蛇，主疑惑。乘青龙，主财喜。如乘白虎、玄武者，主灾病损失，细事不得全吉。倘练祭丁甲、呼风唤雨等项之事，用天遁可以全吉也。

开、休、生合乙奇，下临地盘六合九地太阴宫者，皆名地遁。得日精所蔽，可以设伏，谋为百事皆吉。若乘朱雀，惟宜设词行诈间谋。乘螣蛇者，宜蛊惑。乘太常，有酒食宴会。乘青龙，有财喜。如乘白虎，主斗胜、乘玄武，主窃取探私，乘勾陈，主淹滞。得地遁之吉者，宜修筑起造葬埋藏匿之事，俱皆大吉。

开、休、生合三奇，下临地盘六合者，名为人遁。生门与三奇临太阴，及生门乙奇临九地宫者，亦名人遁。乘日禄、喜神及贵神者，主财喜和合之事。乘朱雀者，主词松得理，乘螣蛇者，主恶梦邪魅主事。乘白虎者，忌行船。乘玄武者，主盗贼。若乘天辅、天柱之星，主雨；天冲，主雷；天英，主电，古疾病危急。

开、休、生合乙奇，下临地盘六辛落于巽宫者，为风遁。乘天冲、天辅二星者，此方可以祭风，到不利行船信息，至行兵利火攻，大胜。

开、休、生合乙奇，下临六辛官者，名为云遁。或生门合天芮壬临坤宫。及三吉门合六辛临于地盘乙，或天芮合生门下阳地盘九地于坤宫，亦皆名云遁。冬月宜祈雪，夏月宜求雨。若乘白虎，主有冰雹。乘螣蛇朱雀者，主旱，强求招火灾，行兵宜劫营；彼不能知也。

开、休、生合天心星，甲壬六合于坎宫，为龙遁。或休门，乙奇加坤，或开门六戊加地盘九地，及休门丁奇下临地盘九地于坎宫，皆名龙遁。此方折雨必应，水战必胜，再得青龙、玄武、神后之神。主淫雨，仍防奸细盗贼。

开门甲申庚下临地盘兑宫为虎遁。或休门，乙奇加地盘六辛于艮宫，或生门辛加地盘于乙艮宫，亦皆名虎遁。此方宜祭风、镇邪、驱鬼、安宅，并吉行船；宜招安、攻险、劫巢，利为客。若安营伏兵，贼不敢正视也。

开门乙奇合开心星或天禽星，下临地盘九天于乾宫，名为神遁、或生门丙奇合禽、心二星，下临地艘和天官者，亦名神遁。此方宜驱神遣将施计，神必暗助；行兵宜作神将涂抹三军，神即至矣。更直祭祀，神必来享。若有白虎雷煞劫煞，主雷伤。

休门大铺六辛，下临地盘丁奇于官者，名为鬼遁。生门太阴下临地盘丁奇。或生门九地下临地盘丁奇，亦皆名鬼遁。宜探路侦贼、处实行间、谋布谣言，彼不能察而疑惑军心。宅中有鬼，宜书符镇之，则吉，余事不利。

白话译释

九遁指天遁、地遁、人遁、云遁、风遁、龙遁、虎遁、神遁、鬼遁。

天遁

开、休、生三个吉门，天盘丙奇，下临地盘丁奇，都是天遁；得月精的佑护，或下临地盘九地、太阴，也是天遁。可以隐藏形迹，潜伏不出。若乘天德、月德、天恩、天赦、日禄、喜神，事事都吉利。若乘朱雀，点上书奏对。乘腊蛇主疑惑。若乘青龙，主生财之喜。若乘白虎、玄武；主灾难、疾病、损失财物，小事情不能全吉。倘若训练士兵，或呼风唤雨等事，使用天遁可以全部吉祥。

地遁

开、休、生三个吉门合乙奇；下临地盘六合、九地、太阴宫，都是地遁。得日精的佑护。可以设伏兵，无论什么事都吉，若乘朱雀，只宜于用言词行诈、派间谍。若乘螣蛇，宜施行蛊惑人心之计。若乘太阴；则有酒食欢会。乘青龙，有发财之喜。若乘白虎，主斗打胜利。若乘玄武，主窃取财物和探查阴私。乘勾陈，主停滞不前。得地遁之吉者，宜于修筑宅舍，埋葬死人、藏匿不露等事；都大吉。

人遁

开、休、生三吉门合三奇，下临地盘六合，称为人遁。生门与三奇下临

地盘太阴。和生门与乙奇下临地盘九地，也是人遁。若乘日禄、喜神及责神，主发财之喜与和合之事。若乘朱雀，主打官司得胜。若乘螣蛇，主睡觉做噩梦、中妖邪等事。若乘白虎，忌讳外出坐船。若乘玄武，主盗贼偷窃。若乘天辅、天柱等星，天要下雨若乘天冲星，天上打雷；若乘天英星。天上有闪电，疾病危急。

云遁

开、休、生三吉门合乙奇，下临地盘六辛宫，称为云遁。或者生门天英星、六壬而下临地盘坤宫，及开、休、生三吉门合六辛而下临地盘六乙，或者天芮合生门而下临地盘九地于坤宫，也都称为云遁。冬季宜于祈祷下雪，夏天宜于祈求降雨。若乘白虎，主下冰雹。若乘螣蛇、朱雀，主天干旱，临事若强求则会招致火灾，行兵宜偷偷劫营，对方不会发觉。

风遁

开、休、生三门合乙奇，下临地盘六辛落入巽宫，称为风遁。天盘九星为天冲星或天辅星所临，此方位可举行祭风仪式。水运受阻，不宜行船；军事行兵，利用火攻，可大胜。

龙遁

开、休、生三吉门合天心星，或合六甲、六壬，下临地盘坎宫，称为龙遁、或者休门合乙奇而下临地盘坤宫，或开门合六戊而下临地盘九地，以及休门合丁奇而下临地盘九地于坎宫，都呈龙遁。若在此处求雨，必定应验；若进水战，必定获胜；若再得青龙、玄武、神后等神，则主大雨成灾，并须防备奸细和盗贼。

虎遁

开门合六庚，下临地盘兑宫，是虎遁。或者休门合乙奇而下临地盘六辛于艮宫，生门合六辛而下临地盘六乙于艮宫，都是虎遁。遇此方宜于祭风、镇邪、驱鬼、安宅，和行船，都很吉利。又宜于招安即招抚造反者、攻险、劫营，并利于作客，如果安营、伏兵，贼方不敢冒然行动。

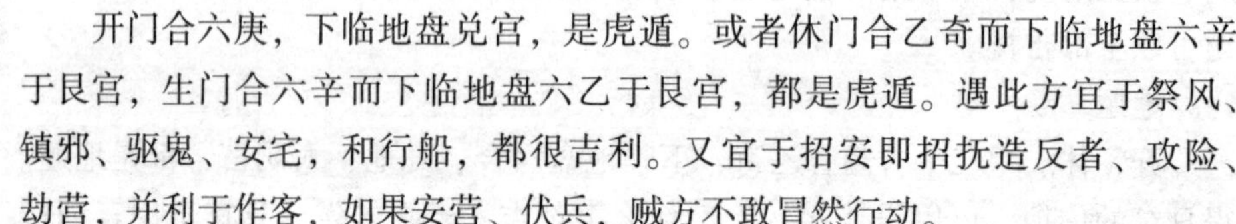

神遁

开门乙奇合天心星或天禽星，下临地盘九天于乾宫，称为神遁。或者生门丙奇合天禽星、天心星，下临地盘九天宫，也是神遁。遇此方宜于驱神、遣将、施计，神灵必定暗中相助，行兵征战宜把三军都化装成神将模样，这样神灵就会前来相助。更宜于祭祀，神灵必来受享。若有白虎、雷煞、劫煞。主雷伤人。

鬼遁

休门合天辅、六辛，下临地盘六奇于艮宫，名为鬼遁。生门合太阴而下临地盘丁奇，或生门合九地而下临地盘丁奇，也都是鬼遁。宜于探路侦贼、处实而施反问计、散布谣言，对方不能察觉而使军心疑惑。宅中有鬼，应当画符镇鬼，如此则吉，其他事情则不利。

超神接气法

夫闰奇者，有过九日而后置闰者，有过十四日而置闰者，各有诀例。大约气先到而节未到，先用其气为之接气。节先到而气未到，谓之超神。超神者仍用其当局之气，而不用其节，待超过九日而方用其节，谓之超神。接气者必在闰月之前，超神者须在闰月之后。闰月前气必先到，闰月后节必先到，气先到者必先用其气，节先到者犹不用其节，超神接气之旨明矣。若其年闰正、二、三、四月者，必闰大雪一气之候；如闰五、六、七、八、九月者，必闰芒种一气之候。所谓过犹不及者，不得中和之气而置闫也。总以甲己子午卯酉为上元，寅申巳亥为中元，辰戌丑未为下元，此定例也。又云：节与气同为中和，中节之前见甲己子午卯酉者，谓之过，过则接气。中节之后见甲己子午卯酉者，谓之不及，不及则超神。总以三十置月而置闰者，不过阴阳消长之道也。

白话译释

这里说的是奇门遁甲中的超神、接气和置闰方法。

所谓超神，就是超越了节气的符头。所谓接气，就是跑到前头去迎接符头的节气。所谓置闰，就是重复一个节气，也就是把某个节气的上中下三元再重复一次。而置闰的三元称为闰奇。

闰奇有过九日而后置闰的，也有遇十四日而后置闰的，各自都有诀例。一般情况是气先到而节未到，先用其气，这是接气，节先到而气未到，称为超神。超神者所用的仍是当局之气，而不用其节，等到超过几天才用其节，就是超神。接气者必在闰月之前，超神者须在闰月之后。闰月之前气必先到，闰月之后节必先到，而要使气先到则必先用其乞，要使节先到则不须用其节，说白了这一点，超神接气的要领就明白了。若这一年闰正、二、三、四月，

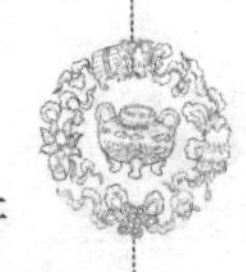

必闰大雪一气的时间；若闰五、六、七、八月，必闰芒种一气的时间。俗话说的过犹不及即超过了应有的限度却达不到应有的限度，二者是一回事儿，是不得中和之气而置闰。通常都是以甲己子午卯酉为上元，寅申巳亥为中元，展戌丑未为下元。这是固定的的规则（这里的“甲己”是符头）。又说：节与气同为中和，中节之前的甲己子午卯酉，称为过，过则接气中节之后见甲己子午卯酉，称为不及，不及则超神。通常以三十置月而置闰，这是阴阳消长的规律决定的。

九神主应论

直符

直符者，诸神之元首，九星之领袖，因名直符。其体属火，其神所到之处百恶消散，诸凶寂火，至吉之神。所良者，太白金星，忌入墓，吉处不吉，凶处更凶。天始于甲，地始于子，固谓万江之尊者，举甲子而六甲在其中矣，故名之曰直符。

（直符士长者、贵人、公吏、钱物为应。）

九天

九天者，乾金也，其体属金，乾纳甲壬，性刚而好动，所主者，名正言顺之事，值其令而无阻，至吉之神。若得门得奇，万福成集，即不得奇得门，亦不为凶。畏入墓，而力屈。天始于甲，白甲至壬，其数九，故名之九天。

（九天主文书印们、枪棒：火灾、占天飞鸟为应。）

九地

九地者，坤土也，其性好静，所主生乃柔顺虚恭之事，亦操生杀主权。半凶半吉之神。畏克制，忌入墓，春夏则生。秋冬则杀，司君后之柄。坤纳乙癸自乙至癸，其数九，故名之曰九地，举乙丑而六乙在其中矣。

（九地：仁女人、衣服、稻豆、埋葬、走兽为应。）

朱雀

朱雀者，南方之火神，统辖周天之野，专司文明之权，掌奏口舌文书之职。得时则文书印信有喜，失时则有是非口舌挠乱之凶。位在丙，丙纳良土，旺相在离，在天为赤鸟之神，属丙火，举丙寅而六丙在其中矣。故名之曰朱雀。

螣蛇

螣蛇者，丁火之化气，其实属阴土，兑纳丁已，其神性柔而口毒，专司惊恐怪异，火妖蛊之事。位镇巽方，又名玉女，遁为六丁六甲之阴神，乃神之最灵者，举丁卯而六丁在其中矣。

（螣蛇主官司牵连、罗网、推风送雨、及惊恐怪异为应。）

勾陈

勾陈者，中央之阳土也，其神性顽，专司田土词讼之事，自甲至戊，其数五，自子至辰，其数亦五，艮纳丙，坎纳戊，配于东南。经云："知三避五，三五反复"，凶顽之气不可趋，位镇于艮，故名之曰勾陈。

避五乃己庚辛壬癸五阴干，及伤杜惊死景五凶门也。

六合

六合者，甲木之化气也，东方之阴木也，其神性和平，专司婚姻交易，媒妁和合之事。乃六甲之妹，配于庚金为妻，怀庚之胎，归妹于家，位镇东方，震纳庚，自甲至已，其数六，故名之曰六合。

（六合主华采、车书、酒食、筵会、婚姻为应。）

白虎

白虎者，庚金也。统辖西方之威，其神好杀，专司兵戈、杀伐、争斗、疾病、死丧道路之事。已纳庚余，巽为风，风从虎，位镇于西方，自甲至庚，其数七，故名之曰白虎。

（白虎主医巫、死丧、秽气、钱物为应。）

玄武

玄武者，水之精也，统辖北方之气，其神好阴谋，贼害，专司盗贼逃亡之事。水主黑色，得中央黄，土而成玄，故名之曰玄武。

（玄武主惊恐、盗贼、及云雨为应。）

太阴

太阴者，西方之阴金也，其神好阴匿、暗昧、欺蔽妾妻之事。离纳辛，配于西方，位镇兑宫，兑为少女，阴阳至此而化育不成，自甲至癸，其数终，自子至酉其气穷，故名之曰太阴。

（太阴主贤人、及夫妇。阴私之事为应。）

太常

太常者，五行之化气也，其神好歌饮，专司宴享祭祀、衣帛、羔雁、酒食之事。此神随天禽遍游诸方，遇火则从火，遏金则从金，遇水则从水，遇木则从木，遇土则从土，与五体相合，共性不常，故名之曰太常。与吉门并则吉，与凶门并则凶，主衣服彩衣、孝服之变更也。

白话译释

直符

直符，是众神的元首，九星的领袖，因此才称为立符。在符性质属火，它无论到什么地方，那里都会百恶消散，诸凶死灭，因此是最吉利的神，它所畏惧的是见太白金星，所忌讳的是入墓，因为见金星，和一旦入墓，则会处吉却不吉，处凶则更凶，天始于甲，地始于子，甲和子是万物中的尊者，举出甲子而六甲就在其中了，所以称之为直符。

九天

九天，就是乾金，其性质属金。乾纳甲壬，性刚而以动，它所主的是名正言顺之事，按照它的命令行事可以畅行无阻，因此是最吉的神，如果得门得奇，万福都集于一身，纵然不得门得奇，也不算凶。但是它惧怕入墓，一旦入墓便失去力量。天始于甲，从甲到壬，其数为九，因此称之为九天。

九地

九地，就是坤土。其性质好静，所主西都是柔顺虚恭之事，但也操生杀之权。它是半吉半凶之神。畏惧克制，忌怕入墓，春夏二季它开始生长，秋冬二季它走向死亡，掌握君后的权柄。坤纳乙癸，从乙至癸，其数为九，加此称之为九地。举出乙丑而六乙就在其中了。

朱雀

朱雀，是南方的火神，它统管周天的四野，专操文明之权，掌奏对之职，得地就会有文书印信之喜讯，失时则会有是非口舌扰乱之凶祸。位大丙，丙纳艮土，旺与相在离，在天为赤鸟之神，加上属丙火，举两寅而六丙就在其中了，因此称之为朱雀。

螣蛇

螣蛇，是丁火所化之气，其性质属于阴土，先纳丁己，它性柔而口毒，专管惊恐、怪异以及火、妖、蛊之类的事。位镇巽方，又名玉女遁。它是六丁、六甲之阴神，为神中最灵的神，举丁卯而六丁就在其中了。

勾陈

勾陈，是中央之宫的阳土。它性质顽恶，专管田地官司之事。从甲到戊，其数为五，从子到辰，其数也是五，艮纳丙，坎纳戊，位置在东南。经书上说“知三而避五，三五反复”，凶顽之气不靠近，位于艮位，因此称之为勾陈。

六合

六合，是甲木所化之气，东方的阴木。它的性质和平，专管婚姻和经商以及做媒和合之事。它是六甲之妹，配给庚金为妻，怀庚之胎，归妹于家即又把妹送回家，位于东方，震纳庚，从甲到已，其数为六。因此称之为六合。

白虎

白虎，就是庚金。它统管西方之威，性情好杀，专管兵戈、杀伐、争斗、疾病、半路死亡之事。已纳庚金，巽为风，风从虎，位于西方，从甲到庚，其数为七，因此称之为白虎。

玄武

玄武，是水的精灵。统管北方之气，其性情好阴谋、伤害，专管盗贼和逃亡之事。水主黑色，得中央之宫的黄土而成玄色，因此称之为玄武。

太阴

太阴，就是西方的阴金。其性情好隐藏、暗昧、欺骗、妻妾之事。离纳辛，配于西方，位于兑宫，兑为少女，阴阳到此而化育不成，从甲到癸，其数终从子到酉，其气穷尽，因此称之为太阴。

太常

太常，是五行所化之气。其性情好歌好饮，专管宴会祭祀、穿衣、吃喝之事。它随天禽星遍游四方，遇火则从火，遇金则从金，遇水则从水，遇木则从木，遇土则从土，跟五行相合，其性无常，因此称之为太常。见吉门则吉，见凶门则凶，主衣服彩色、孝服的变化。

二十四气

正月立春、雨水，二月惊蛰、春分，三月清明、谷雨，四月立夏、小满，五月芒种、夏至，六月大、小暑，七月立秋、处暑，八月白露、秋分，九月寒露、霜降，十月立冬、小雪，十一月大雪、冬至，十二月小寒、大寒。

白话译释

这里说的是中国夏历的二十四节气。一年十二个月，每月含两个节气，全年共二十四个节气。

其名称和顺序如上。

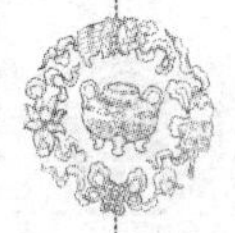

古人最初还把二十四节气细分为节气和中气（简称“节”和“中”）两类。如立春为正月节，雨水为正月中。余仿此。

天德吉日

正丁二坤申日宫，三壬四辛同，五乾亥日六甲上，七癸八艮寅日逢，九丙十居乙，子巽巳门丑皮小。

白话译释

天德是天上福德之神，其所在之方被认为是吉方。全年从正月到十二月，天德所在方位依次是：

正月在丁即南方；二月在坤即西南方；

三月在壬即北方；四月在辛即西方；

五月在乾即西北方；六月在甲即东方；

七月在癸即北方；八月在艮即东北方；

九月在丙即南方；十月在乙即东方；

十一月在巽即东南方；十二月在庚即西方。

这里说的是天德之神出现的日子，即：正月、二月、三月、四月，在申日之宫；五月、六月，在亥日之宫；七月、八月，在寅日之宫；九月、十月，在子日之宫；十一月，在巳日之宫；十二月，在丑、申日之宫。

月德吉日

正五九月居丙，二六十月在甲，三七十一月在壬，四八十二月在庚。

白话译释

月德吉日正月、五月、九月在丙，二月、六月、十月在甲，三月、七月、十一月在壬，四月、八月、十二月在庚。

卷六

奇门主客占验论

论曰：奇门之应验，时有先后，应有主客，以彼此人我而推之。大凡奇神应物之初，星应事之中，门应事之末，依次推详，无不应验如神。若我去寻人，我为客，他为主，以天盘之星为我，以地盘之星为他。如他来寻我，他为客，我为主，以天盘之星为他，地盘之星为我。看他来生我，我去生他，他生我，益在我，我生他，益在他。他克我，损在我，我克他，损在他。又以阴日之天盘星为我，阳日之地盘星为他，比和者无损益，须仿此而推之。

奇门曰："有阳无阳，德禄在门，无阳半吉，有阳欣欣。"

此阳神系指飞值使门时，适得丁奇，即为阳神得助。如甲子直符，丁卯为阳神，甲戌直符，丁丑为阳神之类。

白话译释

奇门遁甲占验的应验情形，在时间上有先有后，在应者上有主方有客方，按被彼此方、他人、自身的关系来推算。一般说来，奇神应的是事物的初始阶段，星神应的是事物的中间阶段，门神应的是事物的结束阶段，如此依次推算，都会像神启一样灵验。

如果我要去寻人，那么我就是客方，他即被寻的人为主方，以天盘上的星为我，以地盘上的星为他。如果颠倒过来，即他来寻我，则他为客方，我为主方，以天盘上的星为他，以地盘上的星为我。

还要看是他生或克我，还是我生或克他。如果是他生我，那么得益的是我；相反，如果是我生他，那么得益的则是他。如果是他克我，那么受损的是我；相反，如果是我克他，那么受损的则是他。

另外，奇门遁甲以阴日的天盘星为我，以阳日的地盘星为他。比与和者，双方既不得益也不受损，应当仿照以上方法去推算。

奇门曰："有阳神无阳神，德禄在门无阳神只有半吉，有阳神则十分吉祥。"

这里所说的阳神是指飞盘转动到直使门的时候，正好得到丁奇，这就是阳神得助。例如甲子为直符，丁卯为阳神；甲戌为直持，丁丑为阳神，等等。

奇门占事

按：《奇门贵人歌》与六壬同，但冬至后得阴贵夏至后用阳贵之不问、奇门上盘象大，谓九星；中盘象人，谓八门；下盘象地，谓九宫。上盘，星也；中盘，门也；下盘，官也。

用法：凡占凶者，首重九星，以九星是天盘，占凶由天故也。凡星克门，吉门克早凶。凡出行趋避者，首重八门，以八门为人盘，吉凶由自取故也，凡门克官，占官克门凶，伤人事，故凶。凡造葬迁移者，首重九宫，以九宫为地盘，迁移等事皆由地而起也。故门宫相生俱吉，相克俱凶。尚得此意而推之，凡事关天人者，无不可以数通妙哉。此示人以用法。

白话译释

按：《奇门贵人歌》与六壬术相同，只有从冬至后用阴贵、夏至后用阳贵这一点上，二者不相同。奇门的上盘象征天，称之为九星；中盘象征人，称之为八门；下盘象征地，称之为九宫。简而言之，上盘，是星盘中盘，是门盘下盘，是宫盘。

用法：凡是占凶的，首先看重九星，这是因为九星是天盘，吉凶是由天命决定的。凡是星克门的，必是吉门克凶星。凡是外出远行趋吉避凶的。首先看重八门，这是因为八门是人盘，吉凶是由自己招取的。凡是造坟埋葬、迁移住处，首先看重九宫，这是因为九宫是地盘，造葬迁移等事都是从地上生出的。因此门与官相生都是吉利的，相克都是凶险的，假若明白了这些意思去推算，只要事情关系到天人关系的，无不可以用术数通妙境，这是给人指明奇门通甲术的用法。

传文解释说：奇门遁甲术既分三盘，上下盘六仪并有一干地盘，这是说宫有三奇和六仪。只要将上下一对照，究竟成格不成格，就可以显而易见地看出来，例如甲加临六丙，乙加临六辛之类，只有主星之下飞门之内暗藏一干，称之为直使癸。用来求时支，那么八门之中又带丁这一干，称之为飞干。此干并不藏在局面，是在上盘下盘之外数时支时用甲乙排出来的，因此称之为暗藏，这一点若隐若现，变化无穷，古往今来，没有一个能看见并且认识的人。假如飞门即中盘八门内生出主星之后，飞门内又忽然有庚飞到，这就是甲求时支我。甲、乙飞来不露形迹。任何事情外面即使完美，内申却很顺利，又加飞门既克主星，任何事情只要占测则大凶。而飞门内忽然有奇飞到，这就是飞干中的乙奇、丙奇、丁奇，任何事情外表看来虽然凶险，而内中却实际多会有暗获即暗中得到好处。经书上说：若隐若现，若有若无，说的就是飞干的特征。

占投军

以天冲为武士，直符为主帅，直符宫生天冲宫；及天冲宫生直符宫，一见即投合，如彼此相克，定不收录天冲，即作直符一去即为部长，后必大用。伏吟空回，反复不准。

白话译释

以天冲星为武士，以直符为主帅，直符宫生天冲宫，及天冲宫生直符宫。鼠方一见就很投合。如果彼此相克，必定不收录天冲星，即使作直符，一去就套成为部长，日后必有大用。伏吟空回，反复不准，断不可用。

占攻城

以六庚为攻者，以天禽为守者（原注云：庚者兵众，禽者中心者攻之，故受攻）。如六庚乘旺相，得开门加中五宫（可见中五宫亦有门行，到此不寄之验），城必破。

又，看地盘天禽所乘之宫，得旺相及吉门者，其守将不可擒也。反此必死。

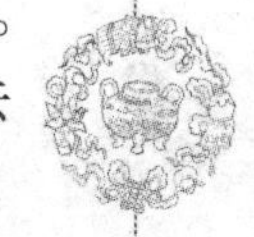

白话译释

以六庚为攻城者，以天禽星为守城者。六庚乘旺相，得开门加临中五宫，城必攻破。

又，看地盘天禽星所乘之宫，得旺相及吉门者，其守将是不可去擒拿的，否则必死无疑。

占守城

以天禽为守者，天蓬、六庚为攻者。天禽宫得体、生、开、景、又旺相，有六丙，其城不破。如无旺相及吉门，再犯天蓬六庚又中宫，不能守断。

白话译释

以天禽星为守城一方，以天蓬、六庚为攻城一方。天禽宫如果得休门、生门、开门、景门，又处于旺相二境，再有六丙，其城不会攻破。如果没有旺相和吉门，再犯天蓬、六庚和中宫，以城不能守下断。

占盗贼

敌兵来去先分界限，冬至以后以坎艮震巽为内，离坤兑乾四宫为外，至六宫落宫被克者，为安营不稳自惊而退，六庚克所落之宫，又逢玄武、天蓬、白虎之神乘必大战。庚得九天，则大张声势鸣鼓而进；庚得九地，则偃旗息鼓而来。如贼已入境，占其何时去看六庚在内四宫为不去，在外四宫为去，总以六庚地盘干支年月日时为去来之期，庚加年，为太白入荧，虽贼来，若在外界，亦主不来，荧入太白，虽主贼去，若在内界，亦不去。

白话译释

占测敌兵的来去，应当先分清界限。冬至以后，以坎宫、艮宫、震宫和巽宫这四宫为内，以离宫、坤宫、兑宫和乾宫这四宫为外，到六宫即乾宫落宫被克，为安营不稳，交战之初就会自惊而败退六庚克所落之富；又逢上玄武神、天蓬神、白虎神等星神，若乘之，必将发生大战庚得九天星神，则应当大张声势敲响战鼓奋勇前进。庚得九地星神，则应当偃旗息鼓悄悄前来，如果贼寇已经入境，占测他们什么时候离去；应当着六庚在内还是在外。若在内四宫，为不会离去。若在外四宫，为将要离去。至于离去的时间，都是以六庚在地盘上的干支年、月、日、时为准。若庚加临年干支，这是太白入荧，虽然表明贼寇会来，但若外界，也会不来；如果是荧入太白，虽然表明贼寇将要离去，但若在内界，也会不离去。

占贼临境城可守否

以时干宫为客，时支为主（即符使之宫），看其生克何如。如时支宫地盘受直符所落之宫克制，而时支又乘六庚、玄武，此城当弃。或直使宫自被下克，此城劝，不可居，速宜退避。如直符宫与直使宫相生相比，或直符宫门受刑克，敌人三来，不能取胜，守之无妨。

白话译释

以时干宫为客方，以时支宫为主方，看其生克情形如何，假如时支宫地盘受直符所落之宫克制，而时支又乘即凌驾六庚、玄武之上，这座城就应当放弃。或者直使宫自身被克下，此城也不可以久居，应当赶快退走避开，假如直符它与直使宫相生相比，或者直持宫自身受刑克，敌人会再三攻城，但都不能取胜，守着这座城也无妨碍。

占胜败

凡战阵以景惊二门主之。经门：“景门宜破阵。”又治乱之法，要视惊门。当以直符所落之宫为主，六庚所落之宫为客。直持宫克六庚之宫，主胜。六庚宫克直符之宫，客胜。又论旺相为胜，休囚为负。如主得景惊二门或二门宫与客宫相生，则客胜。如主客宫相生，来必讲和。如主客所乘皆旺相，俱得二门，不相刑克，其力相等，则两相恐惧，不战而退。如六庚料符，是主客同官，二家不分胜负。又日干加庚，主胜；庚加日干，客胜。如谷雨上元阳遁五局丙辛日壬辰时，天柱为直符，上带六庚，主二家不相胜负，自相退避。

白话译释

只要是排阵打仗，都用景门和惊门这二门进行占测。经书上说："景门宜于破阵。"又，治理国家的方法，要看惊门如何。应当以直符所落之官为主方，以六庚所落之宫为客方。如果直符之宫克六庚之宫，主方胜利。如果六庚之宫克直符之宫，则客方胜利。又，处于旺和相时，为胜处于休和囚时，为败。如果主方得景门和惊门或此二门之宫与客方之宫相生，则客方胜利。如果主方之宫与客方之宫相生，双方到来之后必定讲和。如果主方和客方之宫所凌驾其上的宫都处于旺、相阶段，又都得景门和惊门，并且不相刑克，其战斗力则相等，那么双方就会相互恐惧，不战而退。如果六庚为直符，这是主方与客方同宫。两家交锋会不分胜败。又，日干加临六庚，主方胜利；六庚加临日干，客方胜利。如果谷雨上元阳遁五局的丙、辛日壬辰时，天柱星为直符，上带六庚，打起仗来，两家不分胜负，会各自后退，避免接触。

占远信

以景门为信。歌曰："景上投书并破阵。"景门临外界来迟，临内为速。上带吉格，信吉；凶格，信凶。门迫，投江无信。

白话译释

以景门为书信。歌曰："景门上宜于送信和破阵。"景门临外界，信来得迟；景门临内界，信来得快。景门上面带吉格，信吉；上面带凶格，信凶。如果景门处于迫的状态，永无音信。

占出外预定归期

其法：以四维长生决之，看出门之日系何干，即看四维是何干，长生之宫以本宫地盘之干，即回家之日也。

白话译释

占测出外预定归期的方法是：以四维长生之宫进行推断，看出门那天的日干是何干，即看四维之宫是何干，长生之宫以本宫地盘之干为日干，此干就是回家的日子。

占在外家中安否

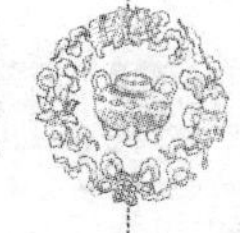

其法：专以四维决之，四维者，乃四长生之方也。倘甲乙日看乾宫，此四大长生之根也。若得门、得奇、吉格则吉，凶格俱凶。

白话译释

方法是：专以四维之宫进行推断，所谓四维，就是曲长生之宫的方向。倘若甲乙日，看乾宫，乾宫是四大长生之宫的根源。如果得门、得奇，遇吉格则吉，遇凶格都凶。

占求人推荐

其法：以甲子戊为求荐之人，以天乙为推荐之人。若天乙落宫生甲子戊与直符官者，必推荐，反此不荐。

白话译释

方法是：以甲子戊为求荐举的人，以天乙为推荐的人。如果天乙落宫生甲子戊与直符宫，必被推荐；反之，不被推荐。

占词讼吉凶

其法：以惊景二门主之。凡有词讼，看惊门乘旺相之气者，讼不息。景门亦然。若二门入墓，或空亡之官者，主讼不成。

白话译释

方法是：以惊门、景门这二门为主进行推断。只要有官司，如果惊门凌驾于旺、相之气，官司一时难以平息。景门也是如此。如果惊门与景门入墓，或者入空亡之宫，预示官司将打不成。

占梦吉凶

其法：专责螣蛇所乘天盘门仪下临地盘是何门仪。合吉门、吉格者吉，凶格则凶。若落地盘空亡墓库者，则无凶吉。

白话译释

方法是：专门着螣蛇所凌驾的天盘的门和仪下临的地盘是何门何仪，合吉门、吉格的，就吉；合凶格的，就凶。如果落地盘空亡、库墓，则不吉也不凶。

占禽鸟怪鸣

其法：专责天禽星落宫下临地盘之宫是何干以决之。若天禽落地盘得奇门吉格者吉。凶格则凶。各以八门配之，吉凶自验。

白话译释

方法是：专看天禽星所落之宫下临地盘之宫是何干以此进行推算。如果天盘星落地盘得奇门吉格，则吉利；得专门凶格，则凶险。各以八门与之配合，如此则吉凶自然会应验。

占何怪

专看螣蛇及所乘星门以决之。若螣蛇落宫在坎，为水怪，神怪。落艮，石怪、山精。落震，木怪、狐狸。落巽，花妖、龙蛇。落离，火怪，鸟怪，龟蛇，落坤，老妇、牛羊怪，及房屋金灶怪。落兑，飞禽、羊怪、金银埋久作怪。落乾，神愿、猪羊、犬首，及铜铁器皿作怪。若不得奇门吉格，而乘凶格者，必致死亡，孝服，官司之凶，落空亡者无疑。

白话译释

专看螣蛇星及螣蛇星所凌驾的星和门，以此进行推算。如果螣蛇落于坎宫，此怪物为水怪、神怪；落于艮宫，为石怪、山精；落于震宫，为木怪、狐狸；落于巽宫，为花妖、龙蛇；落于离宫，为火怪、鸟怪、龟蛇；落于坤宫，为老妇、牛羊怪，及房屋金灶怪；落于兑宫，为飞禽、羊怪、金银埋的时间太久而作怪；落于乾宫，为神愿、猪羊狗头，及铜器、铁器作怪。如果不得奇门吉格，而凌驾凶格，必定招致死亡，以及穿孝服、吃官司之类凶祸。至于落于空亡，更是凶险无疑。

占避难

专以杜门决之。石其落于何方，即以其方避之。再看所乘之干是何干，见戊为贵人潜避，若杜门乘三奇，则去无阻隔，大吉。若见庚，须抱木而行，方免凶灾。见辛为天狱，壬为地牢，必不能逃。若杜门落地盘癸为天网之格，在坎、艮二宫可用三四尺之木压之而逃。若乾兑二宫可匍匐而过之。逃方在艮离二宫，或高八九尺，可挺身而行。若杜门同癸震巽二宫，天网盈门，不能逃脱。若杜门临乾兑二宫，木被金克，虽然逃去，后亦拿获。若有，三奇吉格，落日干之宫者有救。

白话译释

专门以杜门进行占断。看杜门落于何处，就往杜门的方向避难。再看杜门所凌驾的天干是哪一干，如果见戊干是贵人潜避，如果杜门凌驾于三奇之上，那么那里避难无阻隔，大吉利，如果杜门见庚，避难人须抱一根木头走路，才能避免凶灾。杜门见辛为天狱，见壬为地牢，遇之必不能逃避灾难。如果杜门落于地盘的癸宫，为天网格，在坎、艮二宫，可以用主四尺的木头压住它再逃走，在乾、兑二宫可以爬着行走躲过灾难。逃难的一方在艮、离二宫，或者高八九尺，可以挺身而行去避难。

如果杜门与癸干同在震、巽二宫，为天网盈门，便不能逃脱灾难。如果杜门在乾、兑二宫，则为木被金所克，虽然可以逃走，但是后来也会被抓获。如果杜门所落之宫有三奇吉格，又落于日干之宫。则有望获救。

占入山访道

以天芮为访道之人，天辅为传道之人。若天铺得专门、吉格来生天芮者，必得高人传授。相比和者，空见人，不传道。相克者，不能见人。惟推阳日得僧道传道，阴日得羽士传道。

白话译释

以天芮星为入山访道之人，以天辅星为山中传道之人。如果天辅星得奇门吉格来生天芮星，预示必定会得到高人的传授；如果天辅星得奇门吉格与天芮星相比相和，预示只是徒然见到高人。而高人却不传道。如果天辅星得奇门吉格与天芮星相克，连高人也见不到。只推阳日，得和尚、道士传道。推阴日，得修仙之士传道。

卷八

占失物

以日干落宫为失主，时干落宫为失物，各以类推之。看时干落宫乘旺相气来生日干落宫者，亦得。反吟者亦得。落空亡墓绝之宫，不得。乾为金锁宝物，铜铁圆圈之物，又为帽缨，为马，坎为水晶、珍珠、笔墨、毛发、细软之物，又为猪。艮为山玉石器皿蹬靴之物，又为牛犬猫。震为车船木器，碧色衣服之物，又为驴骡。巽为丝绸缎布细软之物，又为彩色细长成队之物。离为文明、图书、手卷、字画、印信、文券、彩禽、暖衣之物，又为马。坤为铜铁鼓磬釜中空有声、象牙之物，又为牛羊。兑为金银首饰，有口对衿之物，又为羊、鸡、飞禽。看其有气。便为活生之物，无气为死囚废旧之物。

白话译释

以日干所落之宫为失主，以时干听落之宫为失物，分别按类推算。如果时干所落之宫凌旺、相之气来生日干所落之宫，物可以失而复得；如果形成反吟格，物也可以失而复得；如果天芮星落人空亡、墓绝之宫，则失去的东西不会找到：乾为金锁宝物，铜圈、铁圈，帽子缨、马。坎为水晶、珍珠、笔墨、毛发、细软等物，又为猪，艮为山玉、石器皿、马镫、靴又为牛、狗、猫。震为车、船、木器，碧色衣服，又为驴、骡。巽为丝绸缎布等细软之物，又为彩色细长、成队之物。离为文明、图书、手卷、字画、印信、文券，彩禽，暖衣之类，又为马。坤为铜、铁、鼓磬，中空有声、象牙之物，又为牛、羊。兑为金银首饰，有口对衿之物。又为羊、鸡、飞禽、要看其有气无气，如果有气便是活生之物，无字则是死囚、废旧之物。

占何人盗

以蓬元为盗主神，乘旺相气，又得奇门吉格者，乃是贵人为盗。不乘胜相气，不得奇门吉格者，乃是小人为盗。仍配八卦以决之。乾为老阳，震为长壮，坎为中男，始壮，艮为少男，童年，坤为老妇，巽为长女，离中女，兑少女。在内为亲近之人，在外为他人。

白话译释

以天蓬星、玄武星为盗主神，凌旺、相气，又得奇门吉格，这是贵人从事盗窃；不凌旺、相气，又不得奇门吉格，这个小人从事盗窃。仍然配合八卦加以论断。乾为老阳；震为长男，已长大并强壮；坎为中男，刚刚开始健壮、艮为少男，童年；坤为老妇人；巽为长女；离为中女；兑为少女。在内界为亲戚、朋友，在外界为他人。

占捕盗贼

劫人财物者谓之盗，杀人取财者谓之贼，以天蓬为大贼，以玄武为小盗。勾陈为捕盗之人，杜门为捕获之方，以天盘主之，勾陈落宫克蓬玄之落宫者，捕之必获。若蓬玄克勾陈之宫，主贼旺，捕人不敢获。蓬玄宫与勾陈宫比和者，必捕人通同为盗。勾陈蓬玄同宫，必捕人为盗。薄玄宫生勾陈官者，捕人受贿，纵之不捕。总以庚格主之，年格年获，月格月获，日格日获，时格时获，不格不获。杜门有格必获，否亦不获。

白话译释

抢劫别人财物的人称为强盗，杀人取财的人称为窃贼。以天蓬星为大贼，以玄武为小盗，以勾陈为捕盗之人，以杜门为被捕获的人。以天盘专管占测捕获盗贼之事。如果勾陈所落之宫克天蓬所落之宫，预示必定能够捕获。如果天蓬星、玄武神与勾陈神所落之宫相比和。预示捕人与强盗串通一气通同为盗。如果勾陈神、天蓬星、玄武神同在一宫。预示辅人必定进行抢劫，也是个强盗。如果天蓬星、玄武神所落之宫生勾陈所落之宫，预示捕人受贿，故纵盗贼不去捕捉。总的方法是以庚格支占测此类案件，遇月格当月捕获，遇日格当天捕获，遇时格在同一时辰捕获，即两小时内破案如果不遇以上各格，则不会捕获。杜门有格必能捕获，无格也不会捕获。

占开挖水道

以开门主之。开门乘旺相气而得三奇者，主开挖有益，顺利无害。若开门反吟入墓，不宜挑挖。倘值太白凶格，及甲辰壬者，后必有大害。

白话译释

专以开门进行占测。如果开门凌驾旺、相之上而得三奇。预示开挖水道有益并且顺利无害。如果开门反吟人墓，测预示不宜排挖水道。如果遇太白凶格，以甲辰壬，挑挖之后必有大害。

占河水消涨

以天蓬、休门决之。休门乘旺相气而得三奇者，水虽涨，不至泛滥。休门乘旺相气而值庚格者，主河水壅塞泛滥涌涨。再有甲辰壬带螣蛇。主孽龙舞水为害。休门落于二五八宫，水被土克，主立消，或无水。休门不乘庚格与甲辰壬者。水虽旺发，亦不出岸。

白话译释

专以天蓬星、休门进行占测。如果休门凌驾旺、相之气而得三奇，河水虽然涨满却不至于泛滥成灾。如果休门凌驾旺相之气而遇上庚格，预示河水堵塞升泛滥成灾。如果再有甲辰壬带陵螣蛇，预示将有恶龙舞水为害造成水灾。如果休门落于二、五、八宫即坤宫、中宫、艮宫，则为水被土克，预示河水立刻消退，不会造成水灾。如果休门不凌驾庚格及甲辰壬，预示河水即使很大也不会溢出河岸。

占布种五谷

以九星所乘之门以类推之，乘旺相气而得三奇吉门者吉，以外门天心为麦田，伤门天冲为稻谷，杜门天辅为麦稷，又为棉花，景门天英为高粱，休门天蓬为豆田，死门天芮为荞麦，又为蒜。各门各星乘胜相气带三奇吉格者，大收。得旺相气不得三奇吉格者薄收。九星内有被克或值空亡入墓而得的凶格者，歉收，不必种。

白话译释

以九星所凌驾之门进行类推。如果九星凌驾旺相之气而得三奇吉门，则吉利。以开门、天心星为麦田，以伤门、天冲星为稻谷，以杜门、天辅星为麦稷和棉花，以景门、天英皇为高粱，以休门、天蓬星为豆田以死门、天芮星为荞麦和蒜。如果各门各星凌旺、相之气带三奇吉格，将获得丰收；得旺、相之气但不得三奇吉格，将会薄收；九星内有被克或值空亡、入墓而得凶格，将会歉收，就不必耕种。

占请客

以直符为客，天乙为主，天乙所乘之宫来生直符之宫者，必来。时干生日干者亦来。天盘星生地盘星者亦来。反此不来。

白话译释

以直符为客人，以天乙为主人，如果天乙所凌驾之宫来生直符之宫，客人必定应约前来。如果时干来生日干，客人也会前来。如果天盘之星来生地盘之星，客人也会前来；相反，即天盘之星来克地盘之星。则客人不会前来。

占选妃

以直符为差官，岁干为天子，柱星为室女。室女年命日干为直符所生者，

主差官看中，必选。天柱为直符所生者，亦选。若室女年命日干所乘之宫，或天柱之落宫为直符所乘之宫，或天柱所落之宫为直符所乘之宫来克者，不选。

白话译释

以直符为选妃的差官，以岁干即年为天子即皇帝，以天柱星为室女即成年而未嫁的女子。如果室女的年命日干为直符所生，预示将被差官看中，必能入选。如果天柱星为直符所生，也会入选。如果室女年命日干所凌之宫，或天柱星之落宫为直符所凌之宫，或天柱星所落之宫为鱼直符所凌之宫来克，则不会入选。

占选后如何

以岁干所乘之宫与室女年命日干之宫来合天柱之落宫，看岁干之宫来生室女年命日干并天柱之宫者，主上喜隆宠，若甲子戊之宫来生年命日干及天柱之宫者，主后有王妃贵人。克年命天柱官者，主上不喜，仅充不陈。

白话译释

以岁干所凌之宫与室女年命日干之宫来合天术星之落宫，看岁干之宫来生室女看命日干和天柱星之宫，预示皇上欣悦隆宠；如甲子戊之宫来生年命日干和天柱星之宫，预示人选为皇后或王妃贵人；如果业克年岁日干和天柱星之宫，预示皇上不欣悦，不会入选后妃，只是充当普通宫女。

占朝觐引见

以休门岁干，年命日干之落宫决之。岁干为天子，日干为引见之人。年命日干得岁于来生，再有三奇相扶者，大吉。又有休门落官得奇仪相乘者，主引见天子必喜，而得隆宠。如岁干不生年命日干之落官，亦不相克制，而休门得奇来生年命日干之落官者，亦吉，若岁于业克年命日干。再入空亡，墓废，并休门不得奇仪吉格者，不利。

白话译释

以休门岁干、年命日干之落宫进行占断。岁干为天子即遇皇帝，日干为引见之人。如果年命日干得岁干来生，再有三奇相扶，大吉。如果又有休门落宫得奇仪相凌，预示一经引见天子必喜；而得到隆宠。如果岁干不生年命日干之落宫，也不相克相制，而休门得三奇来生年命日干之落宫，也吉利。如果岁干来克年命日干，再入空亡，墓废，而且休门又不得奇仪吉格，则不吉利。

卷九

占走失奴婢

男仆专责天盘天蓬之宫，女婢专责天盘天芮之宫。寻之必获，阳日责地盘蓬芮之宫决之，逢格必获，不格不获，若与六合相并者，必被拐去，二神入库，有人隐藏难寻，落空亡者必不能获。

白话译释

男仆专门用天盘天蓬星所入之宫占测，女婢专门用天盘天芮星所入之宫占测，依占测结果去寻找，必定能够找到，阳日用地盘天蓬星、天芮星所入之宫占测，只要逢格必能找到，而不逢格则找不到，如果地盘天蓬星、天芮星与六合星相并，奴婢必定被人拐走；如果天蓬星、天芮星二神入库，有人把奴婢隐藏起来，难以找到；如果此二神落入空亡，必定找不到。

占走失何方

失去小儿，阳遁于天盘六合所在之方，阴遁于地，盘六合所在之官决之，若失女婢，阳遁于天盘太阴所在之方，阴遁于地盘太阴所在之官定之，看此二神即知此人所在之方矣。在坎、艮、震、巽四宫为近，落离、坤、兑、乾为外为远。阴遁反此。若二神落日干之墓库者，远近难寻，落空亡者，其人又往他方去之，后再以于会神之官寻之，必获。

白话译释

如果丢失了小孩，用阳遁天盘六合神所在之宫，阴遁地盘六合神所在之宫去占测。如果走失了女婢，用阳遁天盘太阴神所在之宫，阴遁地盘太阳神所在之宫去占测。只要看此二神即六合神和太阴神所在之宫，就能知道走失者在什么方向了。如果六合神和太阳神在坎、艮、震、巽四宫，为内宫，为近处；落离、坤、兑、乾四宫，为外宫，为远处。这是指阳遁，阴遁与此相反。如果六合神和太阴神落于日干之墓库，远近都难以找到；如果此二神落入空亡，走失之人又往别的方向走去，应当再以干合神之宫去寻找，必能找到。

占行人在外

法以行人年命日干决之。年命日干落在坎艮震巽，阳遁为内，为近；离坤兑乾为外，为远，合而决之。年命落于四维者，甚远，落坤艮者为极远。阴遁以离坤兑乾为内，为近，坎艮震巽为外，为远，合而决之，年命落于四正者不甚远。年命日干落于休废，其人在外必不如意，非困即病。若年命日干落于墓库空亡之宫，再乘死绝之气，其人必不在，如年命日旺乘旺相之气，再得奇门吉格。行人在外发财如意。

白话译释

方法是用外出远行人的年命日干占测。年命日干落在坎；艮、震、奠四宫，阳遁为内地，为近处；落在离、坤、兑、乾四宫，阳遁为外地，为远处。应当综合起来进行占测，如果年命日于落在四维宫，则距离甚远，如果年命日干落在坤宫或艮宫，则距离极远，阴遁以离、坤、兑乾四宫为内地，为近处；以坎、艮、震、巽四宫为外地，为远处，也应当综合起来进行占断。如果年命日干落在四正宫，则距离不甚远，年命日干落在休废之境，其人在外一定不如意，不是被困难缠绕。便是患了疾病。如果年命日干落在墓库空亡之地，再乘凌死绝之气，其人必定已经死亡，如果年命日干乘，有旺相之气，再得奇门吉格，预示其人发了财，很如意。

占行人归期

法以行人年命专责庚格，阳日以庚下临之干主之，阴日以庚上乘之干定之。年格年来，月格月来，日格日来，时格时来，不格不来，何谓不格？乙庚为合，不为格，庚金入墓，或临空亡，亦不为格。

白话译释

方法是用行人年命和庚格占测，阳日以庚下临的天干占测，阴日以庚上凌的天干判定。遇年格，年内归来；遇月格，月内归来；遇日格，当天归来；遇时格，一个时辰（两小时）内归来，如果不格，则不会归来。什么是不格？乙庚为合，不是格；庚金入墓，或临空亡，也不是格。

占借贷 

其占法以所往之方天盘所得之星为求借之人，又以天盘之星所落地盘之星为借贷之家。地盘所乘之星生天盘星者，必得借，比和者虽借主迟疑，相克主不借，反惹羞辱。若天盘所得之干入地盘墓库者，彼实吝啬不肯借。人临空亡宫者，彼实无有，不必去借。

白话译释 

占借贷的方法，是以所去的方向天盘所得之星为求借的人，并以天盘之星所落地盘之星为借贷之家即债主，如果地盘所乘凌之星生天盘之星，必定能够借到；如果二者相比相和，虽然能够借到，但是债主曾迟疑不决；如果相克，债主不仅不借，而且羞辱了求借者，如果天盘所得之干入地盘的墓库，债主确实吝啬，不肯借给；如果入空亡之宫，对方确实无钱物，就不必去借。

占打抽丰 

以日子落宫为打抽丰之人，所往之方为抽丰之处。得奇门古格生门于者，所往必利。即不得奇门吉格而来生者亦利，比和者平平。克制日干之官者，去必有损。临空亡墓绝之宫，主不见，徒劳无益，不必去。

白话译释

打抽丰。又叫打秋风；也叫找饭辙，就是懒汉、二流子或者破落户子弟，凭着某种雕虫小枝或如簧巧舌，甚至一张厚脸皮，到有钱人家去揩油水、混饭吃，说白了，就是吃大户。

占测打抽丰的方法是：以日干落宫为打抽丰的人。以所去的方向为抽丰之地。如果得奇门吉格生日干，此去必定获利；即使不得奇门吉格而只要有来生日干者，也会获利；但如果克或者制日干，此去必定受损失；如果临空亡、墓绝之宫，主人不予接见，徒劳无益，不必前去。

占谒贵人

现任官以天盘开门落宫主之，未仕、致仕官以天盘甲子戊并之，以日干为求谒之人，开门甲子戊乘旺相气，再得奇门吉来生日干落宫者，去谒必见，见且有益，所求如意，开门甲子戊与日干比和者，但求谒主少迟，开门甲子戊同宫者，主贵人有客。宜稍待。若开门甲子戊返吟者，主贵人他在，不得见，开门甲子戊入库，不能见，开门甲子戊受制，贵人有忧事，不见，见亦无益，开门甲子戊落宫冲克日干之宫者，贵人不喜，枉惹羞辱，若谒武官看杜门，亦仿此。

白话译释

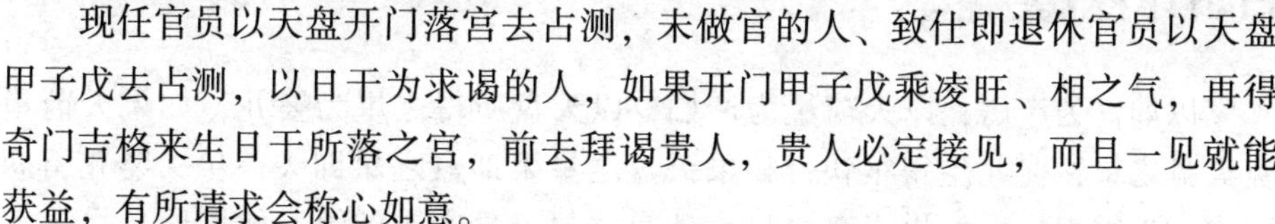

现任官员以天盘开门落宫去占测，未做官的人、致仕即退休官员以天盘甲子戊去占测，以日干为求谒的人，如果开门甲子戊乘凌旺、相之气，再得奇门吉格来生日干所落之宫，前去拜谒贵人，贵人必定接见，而且一见就能获益，有所请求会称心如意。

如果开门甲子戊与日干相比相和，前去求谒贵人虽会接见，但多少有些迟疑，如果开门甲子戊与日干同宫，贵人家里或官署有客，来见者应当稍候一时。如果开门甲子戊为返吟格，贵人外出到别处去了，去也见不到。如果开门甲子戊入库，则不能见贵人，如果开门甲子戊受制，贵人有忧烦之事，不见客人，即使见了也无益处。如果开门甲子戊之宫冲或克日干之宫，贵人不高兴。去了只会白白招来羞辱，如果是拜谒武官，则看杜门，方法仿此。

占生男女长命

以所生时干天盘所落之宫看是何星何神。以天蓬为天贼，玄武为偷生，犯此二神再乘休废无气之时，主不能养。若有奇门吉格吉神再乘旺相之气，主长命富贵。

白话译释

以出生的时干天盘所落之宫看是什么星、什么神，以天蓬星为天贼，以玄武神为偷生，如果犯此二神，再乘凌休、废无气之时，预示小孩生下来养不活；如果有奇门吉格、吉神，再乘凌旺、相之气，预示小孩日后长命富贵。

占孕何日生

以坤宫为产室，天芮为产母，天盘所得之星为小儿。天芮克天盘之星者，主产速，天盘星生地盘星天芮者，子恋母腹，产迟。天盘星克地盘星者，主母凶，地盘星克天盘星者，主子亡，若得旺相气，乃奇门吉格者，方吉，如天盘星落地盘库，子死母腹内。天地二盘乘凶门凶格者，子母俱凶，以天地二盘乘死绝之气也。

白话译释

以坤宫为产房，以天芮星为产妇，以天盘所得之星为婴儿，如果天芮星克天盘之星，婴儿生得很快。如果天盘之星生地盘之星即天芮星，婴儿留恋母腹，生得很慢。如果天盘之星克地盘之星，母亲有凶险，如果地盘之星克天盘之星，婴儿会死亡；但如果得旺相之气，则是奇门吉格才会吉利。如果天盘之星落入地盘之库，婴儿死在母亲腹中，如果天盘、地盘乘凌凶门凶格，则母子都有凶险，因为天盘地盘乘凌了死绝之气。

占讨债

以天乙所落之宫为欠债之人，以勾陈落宫为使讨之人，勾陈落宫克天乙落宫者，其人实心去讨，天乙落宫克勾陈宫者，所使之人畏彼不敢讨。勾陈与天乙相生和者，彼此通同不讨。勾陈被天乙生者，主嘱托贿赂，所使之人不肯讨。天乙落宫得旺相气来生直符者，必还。若落空亡来生直符（可知直符为放债之人）者，有心而力不足。天蓬天乙落宫克制直符官者；安心不还，必不能讨。

白话译释

以天乙所落之宫为欠债之人即债务人，以勾陈神所落之宫为前往讨债的人。如果勾陈所落之宫克天乙所落之宫，讨债人是真心前去讨债，如果天乙所落之宫克勾陈所落之宫，讨债人畏惧对方，不敢去讨债。如果勾陈与天乙相生相和，双方相互勾结而不去讨债。如果勾陈被天乙所生，讨债人接受请托或贿赂，不肯去讨债，如果天乙所落之宫得旺、相之气来生直符，欠债人必定还债；如果天乙落入空亡来生直符宫，放债人心有余而力不足，如果天蓬、天乙所落之宫来克或来制宜符宫，欠债人安心不还债，一定讨不回来。

这里的"直符"为放债人。

占放债

以六甲直符为放债之人，直符下复试之星为天乙即借债之人。若地盘之星乘旺相之气生天盘之星者，借债必还，乘凶格克天盘之星者，必不还。落空亡者主死亡，负债，乘杜绝之官行，主混赖不还（此句有地盘之星所带之干仪也）。

白话译释

以六甲直符为放债之人即债权人，以直符下临之星为天乙即借债人亦即债务人。如果地盘之星乘凌旺、相之气生天盘之星，借债必定还债；但如果乘凌的格克天盘之星，必定不还；如果地盘之星落入空亡之境，借债人死亡，负债无法偿还，如果地盘之星乘凌墓、绝之宫，借债人大要无赖拒不还债。

占买货

以日干落官为收买货物之人以时干落官为货物。时干落官乘旺相气再得奇门方吉格者，为美货，乘休囚之气不得奇门、吉格者，为废货。时干落官宋生日于落官者，其货不拘美恶皆有利息。来克日干落宫或乘墓绝及空亡者，货皆无利不必买。余仿此类推之。

白话译释

以日干落宫为收买货物之人，以时干为货物。如果时干所落之宫乘凌旺相之气，再得奇门吉格，为好货。如果时干所落之宫乘凌休囚之气而不得奇门吉格，为废货。如果时干所落之宫来生日干所落之宫，其货不论好坏都有利可图。如果时干所落之宫来克日干所落之宫，或乘凌墓绝及空亡，货物都无利可图，不必收买。其余均可仿此类推。

占胎息男女

其占法以坤官天芮星为母，以天盘星临坤之官为胎息，阳星为男胎，阴早为女胎。惟天禽临坤为双生，阳干是男，阴干女也。

白话译释

占测方法是以坤宫足芮星为母亲，以天盘之星所临的坤宫为胎息，阳星是男胎，阴星是女胎，只有天禽星临坤宫是双生，阳干是男孩，阴干是女孩。

占脱货求财

以值符甲子戊为我，以天乙为脱货之人，以六合为经纪牙人。若天乙落官乘奇门吉格来生值符之官者，其货可脱。比和者，脱亦无碍，反此必不可脱，必有失。又看六合落官生天乙落官，主经纪以脱货之人相生，吉。值符与甲子戊之官者，主经纪与货主同心。倘六合入墓或落空亡之官，必有奸诈、欺骗之事，断不可脱。

白话译释

以直符甲子戊为我即自身，以天乙为卖货的人，以六合星为经纪人。如果天乙落宫乘凌奇门吉格，来生直符之宫，其货可以脱手；如果二者相比相和，货物脱手不会有什么妨碍；与此相反，则货物一定不能脱手，甚至一定会丢失。又，如果六合星之宫生天已落官生直符甲子午之宫，经纪人与货主同心。如果六合入墓或落空亡之宫，一定有奸诈欺骗之事发生，货物断不可脱手。

又占脱货求财

以日干落宫为货主，时干落官为货物，以甲子戊落官为资本，生门落官为利息，看日干之落官生时干之落官，主人恋货不肯脱。若时干之落官生日干之落官，主货恋人不能脱。再看时干之落官生甲子戊与生门之落官者，有利息，反此无利息。倘时干落官乘凶种凶格来冲克日干官者，主折耗。惟日干落官克时干落官者，虽欲急脱而货之甚迟。时干落官克日干之落官者，售者必速。

白话译释

以日干落宫为货主，以时干落宫为货物，以甲子戊落宫为资本，以生门落宫为利息。如果日干之落宫生时干之落宫，货主恋货物不肯脱手，如果时干之落宫生日干之落宫，货物恋货主不能脱手。如果时干之落宫生甲子午与牛门之落宫，则有利息；反之，则无利息。如果时干之落宫乘凶神凶格来冲来克日干之宫，会亏损。只有日干落宫克时于落宫，虽然急于脱手，但是迟迟卖不出去。如果时干落宫克日干落宫，货物很快就会售出。

占开店肆

以开门主之。开门乘旺相气，带奇门吉格来生日干之落官者，大吉。相比和不克制者次吉。若开门入墓，或返吟及落空亡者，不利。开门落官乘凶神凶格来冲克日干之宫者，更不利。

白话译释

以开门进行占测。如果开门乘凌旺、相之气带奇门吉格来生日干之落宫，开市大吉；如果相比相和而不克不制，则为次吉。

如果开门入墓，或返吟及落入空亡，则不吉利。如果开门落宫奉凌凶神凶格来冲或克日干之宫，则更加不利。

占合伙求财

以日干落宫为我，时干落宫为伙，时干乘奇门吉格来生日干者，则合伙有益于我，日于乘奇门吉格而生时干者，则有益于他。二宫比和者，主合伙公平，各无猜忌。若时干所落之宫乘凶神凶格来克日干官者，不利。再以生门之生我不生详之，百无一失。

白话译释

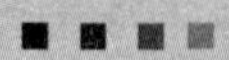

以日干所在之官为我即自身，以时干所在之宫为伙即合伙人，如果时干乘凌奇门吉格来生日干，那么与他人合伙求财就对我有益；如果日干乘凌奇门吉格来生时干，那么合伙求财就对他即合伙人有益，如果时干所在之宫与日干所在之宫相比相和，预示合伙公平，双方互不猜疑。如果时干所在之宫乘凌凶神凶格来克日干所在之宫，则合伙不利，如果能够再以生门是否生我仔细占测，就百无一失，更加稳妥。

占贸易

以甲子戊为资本，生门为利息，生门所落之宫得奇门吉格来生甲子戊之落官者，必获倍利，二宫比和者，亦得中利。生门来克甲子戊之落官，再乘凶神凶格者，必折本。甲子戊之宫生生门之官，主加添资本，仍得利息。生门落墓绝之地，再有凶神凶格相乘者，必耗尽资本，尤凶。

白话译释

以甲子戊为资本，以生门为利息，如果生门所在之宫得奇门吉格来生甲子戊所在之宫，必定成倍获利；如果以上二宫相比相和，也会获得中等效益，如果生门来克甲子戊所在之宫，再乘凌凶神凶格，必定亏本；如甲子戊立宫采生生门，增加资本投入仍然能够获利，但如果生门落入墓绝之地，再有凶神凶格来相乘犯，则特别凶险，必定会把资本赔尽。

占求财

以甲子戊为财神，生门为财方，看二宫天盘落于何方，以二方相克比合验其得失，天盘甲子戊与生门落于坎艮震巽四宫，阳遁为内，为近，又为速。再得奇门吉格者，得之必多，若得门不得奇，得奇不得门，得之不多。门奇惧不得，不落空亡墓绝，不受地盘克制，得之必少。或甲子戊与生门落于一内一外，得之必迟。二宫俱在外，必求千里之财，二宫落空亡，返吟，墓绝，再有凶神、凶格相并者，必不得财，反遭是非。

白话译释

以甲子戊为财神，以生门为财主，要看甲子戊之宫和生门之宫在天盘上落在什么方向，以此二宫的相克相比相合关系占验求财的得失，如果在天盘上甲子戊与生门落在坎、艮、震、巽四宫，阳遁为内地、为近处，又为得财迅速；如果再得奇门吉格得财必定很多；如果只得门而不得奇，或者只得奇而不得门，则得财不多；如果既不得门又不得奇，也落入空亡墓绝之地，也不受地盘克制，得财必定很少，如果甲子戊和生门一者落于内、一者落于外，得时必定很迟；如果此二宫都在外，必定求千里之外的财利；如果此二宫落入空亡、返吟、墓绝之地，再有凶神、凶格与之相并，必得不到财利，甚至反而会引出是非。

占交易

以日干落宫为我，时干落宫为他，六合为经纪，日干生时干。买主受置，日干生日干，业主愿意、日干克时干，买主不要，时干克日干，业主不卖。六合生日干，经纪人向买主，闪合神生时干，向卖主。二干落空相比和者，二家公平交易，主成，二干有一落空亡者，交易不成。

白话译释

以日干落宫为我，以时干落宫为他，以六合为经纪人，如果日干来生时干，买主要买；时干生日干，业主愿卖；日干克时干，买主不买；时干克日干，业主不卖。如果六合神生日干，经纪人偏向买主；闪合神生时干，经纪人偏向卖主。如果日干和时干都落入空亡并相比相和，买卖双方公平交易；如果日干和时干只有一方落入空亡，则交易就不会成功。

卷十

千金诀

人专煞贡起例：

四孟月甲子日起妖星，四仲月甲子日起惑星，四季月甲子日起禾刀。

逐日轮算，周而复始。妖星玄武，直星金匮，惑星朱雀，禾刀白虎，煞贡青龙，立早勾陈，卜木道符，角已太阴，人专金堂。

白话译释

人专和煞贡起例的规律是：

四个孟月即一年四季中每一季的第一个月，甲子日起妖星即玄武神；

四个仲月印一个四季中每一季和第二个月，甲子日起惑星即朱雀神；

四个季月即一年四季中每一季的第三个月，甲子日起禾刀即白虎神。

甲子日以下逐日轮算，周而复始，循环无穷。

这是及下面的妖星，指玄武；直星，指金匮；惑星，指朱雀；禾刀，指白虎；煞贡，指青龙；立早，指勾陈；卜木，指道符；角已，指太阴；人专，指金堂。

三甲开阖图

孟甲　内开　甲寅　合阳星阳气在内，不利客，利守。

　　　外阖　甲申　合阴星阴气在外。

仲甲　半开　甲子　合阳星阳气。

半阖　甲午　合阴星为格，利困守，不利后应。

季甲　俱阖　甲辰　合阳星阳气在外，利客，主伤兵。

甲戌　合阴星阴气在内，利主，利迎敌。

白话译释

这里的三甲指孟甲、仲甲、季甲。其中孟甲包括甲寅和甲申；仲甲包括甲子和甲午；季甲包括甲辰和甲戌。

“孟”字，意为第一；“仲”字，意为第二；“季”字，意为第三。“阖”，关闭的意思。

“内”和“外”已见前文，不再重复。

“主”，指主方，即先到的一方；“客”，指客方，即晚到的一方。

禹罡图

凡出兵左足向前踏去，念咒日“禹步相推登阳明，一气混沌灌我形，天回地转陟七星，蹑罡履斗觉通灵，恶逆催伏妖魔群，众星助我斩妖精，我得长生游太清。”

左右足一步一句念去，切勿回头。

白话译释

引号内是咒语，出于道教：念咒当然是神（鬼）道迷信，但对人有一定的暗示作用，使人的精神专注于某一点，从而导致心理平衡。

兵占

直符

蛇：三军司令。

符：寸一。卒旗鼓。

阴：阴谋，埋伏，私通。

合：主谋臣赞画。

朱玄：间谍军营。

直使

休：养于纳降。

生：修营垒。安军图。

伤：赏罚捕逃。

杜：伏险，夜遁，坚壁。

景：投书探听。

死：行刑录囚。

惊：擒杀。

开：升——迎敌

壁——遣使

十干

甲：演戎。

乙：副将。

丙：先锋。

丁：说客。

戊：大队。

己：辎重。

庚：劲敌。

辛：游骑。

壬：骑兵。

癸：天堑。

九星

蓬：猛将。

任：狻将。

冲：战将。

辅：儒将。

禽：凶将。

芮：顽将。

英：义将。

柱：雄将。

心：天将。

九宫

一：申子辰，宜水战。

二：四维土，利攻围。

三：寅午戌，宜火攻。

四：节气。

五：节煞。

六：节气。

七：巳酉丑，战。

八：四维土，宜坚壁固守。

九：亥卯未，援解。

门户

阴六地天喜临，勾白朱玄忌照。

天马更坐天马，出行如乘飞骥。

三甲

孟甲：合阳星阳气在内利战。合阳星阴气在外利守。

仲甲：合阳星阳气利于后应。合阴星阴气在内利守。

季甲：合阳星阳气在外利守。合阴星阴气在内利主。

论干支

日干我军时干敌，日制时兮战必克。

时干若或克日干，号令三军宜坚壁。

日干若受时干生，来将私意怀归伏。

惟嫌壬癸作生神（水土诈敌也），须防诈降终无益。

时予若是脱日干，对垒之间闪赚的。

主客从来分时日，先起之兵即作客。

日支时支偏将论，生克休咎如干陈。

两家纳音宜究检，先后胜负援剿因。

辩出行居生旺气，休咎刑克君莫向。

天罡六壬玄妙道，煞贡人专与大安。

明堂天德金柜较。

论直符

直符占验大将军，本宫得吉立大勋。
三宫检点尤凶碍，左右冲战遂将心。
再将年命来参取，不值刑冲无祸侵。
地天螣阴朱勾六，何者为仇何者亲。
九地失刑防偷劫，九天害隔莫交兵。
时日勿与直符害，方位宜同直符生。

论直使

直使得令堪进取，地门有吉分正奇。
推详主副年与命，临占门户是胜基。
倘值网罗并反伏，太公阴符不用之。

论十干

奇偶各有所分属，最忌囚墓与刑格。
制甲之神喜休囚，辅甲之神怕孤隔。
甲所用神如伏仇，本营奸究须推测。
查其本局孤与虚，系何奇仪落其局。
分局既值孤虚官，毕竟吉凶半准的。
天用落空与值刑，切忌临此遭损失。

论九星

九星旺方能取胜，休囚失地忌兴师。
悖格飞伏皆难许，最羡吉宿得奇门。
天上风雷来助武。上下左右魁与魍。
蹑罡展斗丁甲使，疑神疑鬼壮军威。

论九宫

九宫起元考天时，地适三方亦证推。
水火金木土各别，主将年命莫教违。
正局老营堪立寨，过局辎重可屯栖。
将来局位伏接剿，奇正分兵奏捷回。

论门户

门户忌迫墓格刑，欣逢遁假诈使来。
如若加临孤虚地，出军不利好逃兵。
倘逢天乙登天门，煞没神藏任取亨。

论三甲

三甲详分开阖情，开宜兴师阖偃兵。
孟甲反伏不宜动，仲甲反伏犹豫情。
季甲反伏背宜动，此从罡诀断玄宗。
更有三甲玄加临，退中变速动中宁。
孟甲加仲宜哨探，加季上面好进征。
仲甲加孟始留心，加季宫中快起营。
季甲加孟权驻北，加仲之时防伏兵。
旧时喜逢上克下，阴时克上亦称情。

论吉凶格

返首一战成功，跌穴伏兵必胜。天遁大开旗鼓，所战必克，地遁安置营垒，埋伏出奇兵。人遁利侦探，神遁使阴谋，鬼遁偷劫可行。龙遁祈祷大利。虎遁招讨，威振远方，风云二遁，抽避为良。三诈争战定胜，五假变阵成功。三奇得使，偏裨效力。玉女守门，阴私可行。三诈宫百战皆捷，天辅时有罪可原。天三门宜张招抚之旗，地四户须置埋伏之卒。地私门潜藏之路，天马方逃难之乡。门吉星吉符吉，战胜攻取均宜。乙加辛宜防败北，辛加乙宜勿图谋。癸加丁军谣有变，丁加癸将撤生疑。伏干当虑暴出之帅，飞干恐堕敌人之计。伏官劲敌难御，飞宫先锋失机。大隔怕遭劫掠，小隔须防伏兵，刑格战斗罕利，悖格乍起军惊，风格主营生变，月格偏将受伤。日时格岂堪搦战，五不遇且勿进征。荧入白兮诈退而必返，白入荧兮穷寇而莫追。网罗岂避坑陷，返伏却忌交兵。三奇入墓与刑制，副将援兵不协情。六伏击刑，战虽利而有损，门空制迫，营虽固而防冲。

白话译释

直符

立符，指就是下面的螣蛇、道符、大阴、六合、朱雀（内含玄武）诸星神。
螣蛇：代表三军司令；
道符：代表士兵、旗帜、战鼓；
太阳：代表计谋，埋伏，私通敌方；
六合：代表谋臣辅助将帅，为之出谋戈划策；
朱雀（玄武）：代表间谍，军营。

直使

直使，指的就是下面的休、生、伤、杜、景、死、凉、开八门。

休门：代表通过纳降壮大自身；

生门：代表修筑营垒，安放地图；

伤门：代表赏功罚过，追捕逃亡；

杜门：代表险处设伏，夜间隐蔽，坚壁不出；

景门：代表内部送信，探听对方军情；

死门：代表执行刑罚，收容监禁战俘；

惊门：代表擒杀敌人；

开门：代表开壁，迎击敌人，派遣使者。

十干

十干，即十天干：甲、乙、丙、丁、戊、己、庚、辛、壬、癸。

甲：代表总司令；

乙：代表副总司令；

丙：代表先锋官；

丁：代表说客；

戊：代表大部队；

己：代表各种军需品；

庚：代表强劲的敌人；

辛：代表游骑即机动部队；

壬：代表骑兵；

癸：代表天堑即天然壕沟如江、河等。

九星

九星，指天蓬星、天任星、天冲星、天辅星、天禽星、天芮星、天英星、天柱星、天心星。

在九星中，天任星、天冲星、天辅星、天禽星、天心星是吉星；天蓬星、天芮星、天英星、天柱星是凶星。

在吉星中，天辅、天禽、天心三星大吉；天任、天冲二星小吉。

在凶星中，天蓬、天芮二星大凶；天英、天柱二星小凶。

天蓬星：代表猛将；

天任星：代表狻将，即带野性的勇将；

天冲星：代表战将；

天辅星：代表儒将即通晓文墨的战将；

天禽星：代表凶将；

天芮星：代表顽将；

天英星：代表义将，即恪守道义之将；

天柱星：代表雄将；

天心星：代表天将。

九宫

九宫是奇门遁甲排局的阵地和框架，它是“洛书”和后天八卦相结合的产物。这里要注意的是，中宫之数为五，寄于坤宫。如此，九宫的次序便是：

一宫坎，北方；

二宫坤，西南方，中五官寄于此宫；

三宫震，东方；

四宫巽，东南方；

五宫中，寄于坤；

六宫乾，西北方；

七宫兑，西方；

八宫艮，东北方；

九宫离，南方。

文中所讲的是各宫宜忌。

门户

太阳、六合、九地、九天喜欢加临，但忌勾陈、白虎、朱雀、玄武来照。如天盘天马加临地盘天马，外出行一路顺风如乘骏马。

三甲

孟甲：阳星与阳气相合在内四宫，利于出战；阴星与阴气相合在外四宫，利于防守。

仲甲：阳星与阳气相合，利于作后应；阴星与阴气相合，利于防守。

季甲：阳星与阳气相会在外四宫，利于防守；阴星与阴气相合在内四宫，利于充当主方。

论干支

日干是我军，时干是敌军，如果日干制时干，出战必胜。

如果时干克日干，应当坚守不出。

如果时干生日干，应当私下归附。

如果壬癸作生神，应当防备诈降。

如果时干脱日干，交战之中有欺诈。

主方和客方是以时间先后划分的，以先起兵一方为客方。

日支和时支的生、克、休、咎，跟天干一样。

日支和时支的纳音应当弄清楚，这和先后胜负有很大关系。

只要辨出出行和居家的生旺之气，体咎、刑克不用门就显而易见了。

论直符

直符用来占验大将军兴兵出战，只要本宫得验，就可以建立巨大的功勋。

如果三宫即震宫没有凶险，无论左冲右击，都能使将帅称心如意；

再看一看年命居于何官，只要不遇刑、克就不会有灾祸；

九地、九天、螣蛇、朱雀、勾陈、六合何者与之力仇，何者与之相亲，也要分辨清楚。

九地如果失刑，应当防备偷窃和抢劫；九天如果害隔，切莫交兵对阵。

时干和日干不可与直符相害，所居官位宜与直符相生。

论直使

在使得令即居住适宜可以积极进取，地门即地盘之门的吉门分正与奇；

又分主与副、年与命，加临吉门就有了得胜的基础；

倘若遇到网罗格与反吟格，则十分凶险。

论十干

十干的奇与偶即单数与双数位上的干各有分属，最忌遇到囚、墓之地与刑格；

制甲干的星神喜欢休困之地，辅甲干的星神害怕孤隔之境。甲干所用的星神如果伏仇，应当注意推测有无奸邪；

方法是查清本局的孤、虚情形即是何奇，何仪落于此局。分出某局孤虚之后，吉凶情况只弄清了一半；

天盘如果落入空亡并遇刑伤，要切忌加临此宫，以免遭受损失。

论九星

九星居于旺方必能取胜，而失地居于休囚之境忌兴师出征。悖格和飞格、伏格却难取胜，最好的情况是吉星得奇门天盘之上风雪来辅助玄武，上下左右是魁星与魑星。

踏魁罡踩北斗丁甲出使，疑神疑鬼却能壮军威。

论九宫

九宫起源于对天时的考察，也与地适三方的推论相关。

五行水、火、全、木、土性质各有区别，主将的年与命不能与五行相讳背。

见正局可以安营扎寨，逢过局可以囤积军需物资。

将来局位先埋伏后征剿，分奇正进兵都能大胜而回。

论三甲

三甲有开有阖（即合，关闭），逼开宜于兴师出征，遇阑宜于息兵停战。

孟甲见反吟格、伏吟格不宜采取行动，仲甲见反吟格、伏吟格则犹豫不定。

季甲逢反吟格、伏吟格和背格（悖格）宜于采取行动，这是从罡诀为依据判断事物的玄妙。

有时三甲相互加临，迟会转化为速；动会转化为静。

孟甲加临仲甲，宜于放哨侦探；孟甲加临季甲，宜于兴兵出征。

仲甲加临孟甲，应留心戒备；仲甲加临季甲，应当赶快起营撤退或转移。

季甲加临孟甲，宜于暂且驻扎北方；季甲加临仲甲，则应当谨防伏兵。

阳时喜欢逢到上位屯下位，阴时下位克上位也会称心如意。

论吉凶格

青龙反首，一战即可成功。

飞鸟跌穴，伏兵必定胜利。

天遁，大开战旗，每战必定打败敌军。

地遁，宜于发置营垒，设下埋伏以出奇兵。

人遁，利于侦探。

神遁，便于使用计谋。

鬼遁，利于偷盗、抢劫。

龙遁，利于祈祷神灵。

虎遁，利于对远方进行征讨。

风遁和云遁，利于逃亡躲避。

三诈门，打败必定获胜。

五假，变阵会导致战斗成功。

三奇得使，两翼可为大军效力。

玉女守门，阴私可以进行。

三诈宫，百战百胜。

天辅时，有罪可以获得宽恕。

天三门，宜于进行招抚，使敌方投降。

地四户，应当设置埋伏之兵。

地私门，利于潜藏不出，等待时机。

天马，宜于逃难。

吉门吉星吉符。战可胜，攻可取。

乙奇加临六辛，应当谨防失败。

六辛加临乙奇，暂且不宜有所图谋。六癸加临丁奇，军内谣言四起，将会发生兵变，丁奇加临六癸，因生疑而撤兵。伏干，应当顾忌突然袭来的军队。飞干，须提防中敌方奸计。伏宫，预示劲敌难以抵御。飞宫，预示先锋部队失去战机。大隔（大格），应防备劫掠。小隔（小格），须防备敌方埋伏。刑格，战斗有罕见的顺利。悖格，初出师，军队受惊。风格，主方营垒发生兵变。月格，预示偏将受伤。日时格，不可出战。五不遇，暂且不要出兵打仗。荧入太白，诈退而后必定返回。太白入荧，穷寇莫追。网罗，可以不避坑陷。返吟、伏吟，忌讳交兵对阵。三奇入基与刑制，副将援兵与主将不协调。六伏去刑，战斗虽然有利可图，但是也有损失。门空制迫，营垒即使坚固也要防备敌方突然袭击。

官禄占

直符

直：官僚品秩，升除谪降。

蛇：行人游府，织造廷尉。

阴：兵刑工线厂。

合：吏礼。

勾陈：总制盐政。

朱玄：科道税水利营。

地：屯卫有司。

天：巡抚。

直使

休：青齐吴滨海。

生：幽燕扬。

伤：豫宋滨海。

杜：郑荆楚滨海。

景：雍州堂治。

死：秦益晋土谷。

惊：趋迎关。

开：徐鲁并御。

十干

甲：督副。

乙：布政书院。

丙：礼科鸿儒。

丁：逃方。

戊：阃开主事必成。

己：盐漕粮储。

庚：提督，刑科。

辛：按察。

壬：清理司。

癸：不利道。

九星

蓬：总河、操江。

任：太常、四厂。

冲：织造。

辅：翰林。

禽：抚臣。

芮：关帅，总兵。

英：通政，行人。

柱：副帅戎政。

心：君臣。

九宫

一：河槽盐运。

二：有司。

三：礼部。

四：节气申子辰，巳酉丑。

五：节气，四维土。

六：节气寅午戌亥卯未。

七：兵刑部属。

八：盐政。

九：吏，户，工。

门户

外转责天门，内转则地户，年命官星遇门户，乘天德天乙天马者升，年命刑悖格伏格，星与年命相伤者降。

三甲

孟甲主春选，秋选，仲甲主夏选。季甲主钦取行取。吉星值开利推荐，凶星位闺慎究参。

论干支

时干为卯日干官，纳音藏化品秩看。
官印相生多利益，品秩衰旺逐时探。
伤符未保前程远，伤使地方恐不安。
最怕截空与刑墓，升谪除降有来源。

论直符

直符占官品秩阶，旺相休囚着意裁。
谁生谁克旁官取，进退加临官父谐。
不值刑囚并墓陷，定然荣任称心怀。

论直使

直使从来论地方，五凶三吉各分疆。
门凶得令堪终任，门吉迫刑俸不长。
远近劳逸与残废，乘吉逢生断显扬。
更将禄马考方位，入门飞状可参详。

论十干

十干则分所属官，本官得令始为欢。
奇仗生合多奖荐，一值刑害参罚看。
合处带刑池鱼咎，比旺干旺不须贪。
只喜官爻奇仪旺，金章紫绶笑弹冠。

论九星

九星恩难用仇分，恩星得地善生君。

吉凶大小分僚属，仇难无侵官印欣。

三方对照查冲合，旺相休废着意寻。

最宜本符星旺相，威福从君可称心。

论九宫

九宫起元论转迁，推选所属逐官元。

新旧起复官局数，所治职事亦相兼。

水元转金当署篆，木元转水俸加添。

最忌官元入子舍，刑害空陷足堪嫌。

论门户

门户内传与外传。年命贵人禄马算。

吉星会合指日升，凶神迫害官不远。

论三甲

三甲开闰有神机，开则推选阖尚迟。

孟仲季兮时令断，半开半阖卦中推。

论吉凶格

返首兮行取升擢，跌穴兮俸深岁深。虎狂兮生签仕不利，龙走兮任所蹊跷。得遁格利以除授，逢假局可以挂冠。三诈利求奖荐，三胜喜实年命。得使而上下欢悦，守而地方称心。三门四户切莫刑制符命，天马私门最忌勾白。螣蛇天娇而地方有变，投江而文案关心。飞干伏干，在京科道之参罚；伏宫飞宫任督抚之罪尤。大隔小隔，土民怨嗟而居任不满；刑格悖格，同僚不睦而官途多歧。荧入白，宜防贼寇；白入荧，亦慎灾殃。年月日时逢悖格，已过将来事可详。五不遇兮难以调选，六仪刑兮网罗有伤。入墓所任，居官不显；反吟门迫，地道不良。行使休囚，未必终任；年命刑害，岂得还乡。大约元星旺相，又得日时相帮，年命逢恩值吉，天乙守照为样。

白话译释

直符

直符：代表官员的职务和级别及其授予和免除、提升和贬降。

螣蛇：代表行人游府，织造廷尉。

太阴：代表军队，刑罚，营造，制币，厂卫。

六合：代表吏部。

勾陈（含白虎）：代表总制盐政。

朱雀（含玄武）：代表科道，税务，水利。

九地：代表屯卫主管机关。

九天：代表巡抚。

直使

休门：代表青州，齐国，吴国，海滨。

生门：代表幽州，燕国，扬州。

伤门：代表豫州，宋国，海滨。

杜门：代表郑国，荆州，楚国，海滨。

景门：代表雍州堂治。

死门：代表秦国，益州，晋国，土谷。

惊门：代表趋迎关。

开门：代表徐州鲁国治。

十干

甲干：副总督。

乙干：布政书院。

丙干：礼科鸿胪即礼部典礼官。

丁干：逃亡者。

戊干：关开主事必成功。

已干：运盐储粮。

庚干：提督，刑科。

辛干：按察即巡查。

壬干：清理司。

癸干：不利于行路。

九星

天蓬星：总河，操江。天任星：太常，四厂。天冲星：织造即主管丝织业的官员。天辅星：翰林学士。天禽星：抚臣即巡抚。天芮星：边关将帅，军队总兵官。天英星：通政，行人。天柱星：军队副帅。天心星：君王和臣下。

九宫

一坎宫：江河盐运。二坤宫：有司即政府机关。三震宫：礼部。四翼宫：节气申子辰、巳酉丑。五中宫：节气四维土。六乾官：节气寅午戌、亥卯未。七兑宫：兵部、刑部下属官员。八艮富：盐政。九离宫：吏部、户部、工部。

门户

外转看天门，内转看地户，年和命宫有星遇天门或地户，又乘凌天德、天乙、天马，会升官；年与命空见悖格、伏格则有利；星跟年与命宫相伤则降职降级。

三甲

孟甲主宰春季和秋季科考选官；仲甲主宰夏季科考选官；季甲主宰吏部选官和皇帝金殿选官。吉星当值开，利于推荐；凶星当值闺，指控官员要审慎。

论干支

时干为官印，日干为官位；干支纳音为官职和级别。时干和日干相生好处多，职位和级别的衰旺要看时辰。刑伤直符不能确保前程远大，刑伤直使地方不得安宁。最怕见截空和刑墓，它们预示将会授官或免官，提升或降职。

论直符

直符可以占测出官员的职位和级别，要着意看其处于旺相还是倖囚。

要从旁的宫位看出生克关系，是过是退要看何官加临。

只要不逢刑囚和墓陷，必定荣任高官；称心如意。

论直使

通过直使占测要看其所在宫位，五宫凶三宫吉清楚而分明。纵然凶门，只要居住得令即高强，也能任职届满；即使吉门，只要受迫受刑，任职时间也不会太长。

无论远或近，劳或逸，残或废，只要乘吉逢生都会声名显扬，还要看禄马和方位，以及八门飞伏的情形。

论十干

十干要看它们所属的宫位，如果本宫得令官运就好。如果逢三奇、六仪与之相生相合，必多被奖励和推荐，但只要一遇刑害，就会被指控受处罚。

相合之处如果又带刑伤，就会殃及自身，纵然居于旺地边也无益。

十干只喜欢三奇和六仪，遇之必居高官。

论九星

看九星断官运，要辨出恩、唯、用，仇诸星的情况，如果恩星得地就会有升官之喜。

吉凶的大小要分清，要仇星和难星不来侵犯，便能喜得官印。

三方对照时要看相冲相合，还要着旺相休废的情形。

本符星处旺相之地最好，会有威有福。称心如意。

论九宫

九宫预示着官位的转变和升迁，以及推荐和选拔。

宫位关系着任新职、居旧住和新起用、复原职，还关系着所治理的职事的性质即关系着做什么官。

水元转金将会做高官，木元转水会增俸禄。

最忌官元入子位，在此会遭刑害空陷，惹出许多烦恼。

论门户

门户有内传与外传之别，这要看年宫与命宫是贵人星、禄马星盼情形。

如果与吉星会合，近日即可升官，如果凶神迫害则官运不长。

论三甲

三甲遇开，被推荐、选拔；遇阖，即使被推荐、选拔，也很晚。

孟甲、仲甲、季甲和做官的关系，要按时令进行占断，半开半阖预示什么，应在卦中推算。

论吉凶格

青龙反首，即将被提拔而升迁。

飞鸟跌穴，官运长久，薪俸丰厚。

白虎猖狂，对占测仕途前程者不利。

青龙逃走，任职的地方有蹊跷。

得到各遁格，利于任官授职。

逢见各假局，应当自行挂冠辞职。

三诈门，利于求取奖和荐举。

三胜，见年宫和伞宫便有升官之喜。

三奇得使，官运亨通，上下欢悦。

玉女守门，任职的地方称心如意。

天三门和地四户，切莫刑制符命，否则官运不佳。

天马私门，最忌见勾陈和白虎。

螣蛇夭矫，预示任职的地方将发生变化。

朱雀投江，大案关心。

飞干、伏干，将因京城科道的指控而受罚。

伏官、飞宫，虽可位居总督巡抚，却会获罪并受到严厉处罚。

大隔、小隔，将招致土民怨恨而任期不满便被罢官免职。刑格、倖格，与同僚关系不和而仕途多不顺利。

荧入太白，应当谨防贼寇来犯。

太白入荧，也应当慎防各种灾殃。

年、月、日、时逢悖格，预示将来必有事端。

五不遇时，难以被调选即官运不佳。

大仪击刑、地网天罗，将会受到伤害。

三奇入墓，所任官职不会显耀。

反吟、门迫，任职的地方不佳。

行使休囚，任期不满就被罢免官职。年命刑害，不得还乡。通常规律是，元星处于旺相之地，又得到日干、时干的帮助，年宫和命宫逢见恩星和吉星，见天乙守照格，才算吉祥。

词讼占

直符

符：问官。

蛇：稿房。

阴：责罚。

合：吏属。

勾白：催提，刑杖。

朱玄：文卷，挑唆。

地：赃物。

大：上司。

直使

休：彼此一般。

生：贿赂嘱托。

伤：叱责喝散。

杜：冤屈难伸。

景：文牒转移。

死：赃执追呼。

惊：定罪虚惊。

开：诉辩得理。

十干

甲，生于亥。乙，生于午。丙，生于寅。丁，生于酉。戊，生于寅。

己，生于酉。庚，生于巳。辛，生于子。壬，生于申。癸，生于卯。

九星

蓬，阴险星。任，迟滞星。冲，怒恶星。辅，恩赦星。英，喝散星。芮，赃吏星。禽，清星。柱，朴实星。心，喝散星。

九宫

(原文缺)

门户

原告责天门，辩诉责地户，吉星同天乙生合年命及干符者，吉。凶星勾白伤克年命及符使两干者，凶。

三甲

孟甲，有惊。仲甲，易散。季甲，防险。开值吉星者，胜。阖值凶星者，输。

论干支

日干原告时干被，日支时支干证类；纳音所藏是问官，尅日伤时春妙文；时日生合讼宜和，时日尅制胜负异；两支相会证作奸，两支刑伤中证累；日干如若伤时干，原告利口多恶意；时支又或尅日支，诈证中人硬嘴利，本时干支同伤口，案倒如山真可畏，只看纳音却如何；若要助仇拟罪状，时日两家定高低；旺相休囚与死废，旺气制囚可望赢，囚来尅旺空费气；再看纳音脱何干，就里贿赂真得计；更将年命纳音查，生合干纳方无虑。

论直符

直符占讼作问官，符宫网毋酷与贪；符伤日干责原告，符伤时干被告冤；看其谁生谁受尅，两家胜负可分端；官符入官中驳类，官符入爻结案堪；符空入陷无准的，日下审豁未可原；朱蛇遥尅文案驳，阴六来伤朴责喧；勾白制干差役恶，前项生合死为欢；地属有司作寇仇，时近衙门未可投；天系上司若生合，状投宪制可消愁；更查逐日阴阳贵；有如甲戌庚午类，帮扶生日得自由；大约用神无代制，行进起脱可遨游。

论直使

直使占事之起隙，各从五行分断义；木金相交门毁嗔，土木相持田宅类；水火激搏奸盗情，旺相休囚孤谎议；吉迫先胜后必输，凶迫理直断作屈；必查两干本门机，旺胜衰兮不须赘。

论十干

奇仪子父与财官，年月日时十字参；事迹须从六亲论，审理时日官父干；亲怕刑兮干怕隔，休囚迟速可合观；鬼要空兮身要旺，父宜墓兮子当权；最宜恩曜临身命，纵然险危不到官。

论九星

九星条分吉星生，吉星生合定称心；凶星激伐宜刑杖，看临何干生何刑，性空本宫居旺气，不犯凶星理自明；若是孤星又囚弱，纵然审断不输赢。

论九宫

九宫论讼新旧情，旺则兴讼衰则停，退临后气事已往，进临来气正当兴，水元转土堪结案，木元转火讼又生，本局还归本局定，此局当了莫生心。

论门户

门户原分告与诉，告看门兮诉看户，门不伤干原告呈，户不伤干诉得利，门户若是总刑格，劝君莫进公门去，官父二主制门户，再伤年命恐囚系。

论三甲

占讼孟甲是多忧，如逢仲甲便了休，季甲当符防罪责，开符理兮合生愁，若求用甲无刑害，官虽发怒亦当投，半开半合须泽比，较合时日两干求。

论吉凶

返首而原告欠利，跌穴而被告不祥。虎狂、龙走公庭有伤，得遁贿赂可胜，许假嘱托备良，三胜三吉喜临年命，得使而衙役效力，守门而阴小作殃。三门四户切记日干时干逢悖格，经年经月始消禳。五不遇兮讼直而遭屈断，六仪刑兮类神恐有彷徨。入墓罗网不宜占讼，反伏门迫翻案迭详。符使休囚，虽讼而无益。年命受魁，见官而乖张。大约初入官司，喜遇官鬼兴隆，久遭缠害，偏宜爻鬼墓绝。官父两干无尅制，管取喝散喜非常。

白话译释

值符

值符为问官。

螣蛇为稿房。

太阴为责罚。

六合为吏属。

勾陈、白虎为催提、刑杖。

朱雀、元武为文卷、挑唆。

九地为赃物。

九天为上司。

值使

休门是彼此一般。

生门是贿赂、嘱托。

伤门是总责、喝散。

杜门是冤屈难伸。

景门是文牒转移。

死门是赃执、追呼。

惊门是定罪、虚惊。

开门是诉辩得理。

十干

甲干生于亥支，乙干生子午支，丙干生于寅支，丁干生于酉支，戊于生于寅支，己干生于酉支，庚干生于巳支，辛干生于子支，壬干生于申之，癸干生子卯支。

九星

天蓬星：为阴险星；

天任星：为迟滞星；

天冲星：为怒恶星；

天辅星：为恩赦星；

天英星：为喝散星；

天芮星：为赃吏星；

天禽星：为清星，又称廉贞星；

天柱星：为朴实星；

天心星：为喝散星。

门户

原告看天三门，即从魁、小吉、太冲三位；辩诉看地四户，即除、定、危、开四户。如果有吉星同天乙来与年命及干符相生相合，则吉。如果有凶星未与年命及符使两个相伤相克，则吉。

三甲

见孟甲有惊，遇仲甲易散，连季甲防险。开见吉星，诉讼获胜；阖遇凶

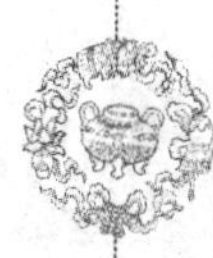

星，诉讼遭败。

论干支

日干代表原告，时干代表被告；日支和时支代表人证、物证。

纳音干支代表法官，克日伤时预示诉状写得很妙。

时干与日干相生相合，时支与日支相生相合。诉讼宜经调停而和解；时干与日干相克相制，时支与日支相克相制，近讼必能分出胜败。

如果时支与日支相会，证人必从中作奸行伪；时支与口支相刑相伤，必受证人拖累。

丑干如果伤时干，原告口齿锋利，话中多含恶意。

时支如果克日支，证人奸诈，口齿锋利。

本时的干支如果一同伤日干和日支，就会铁案难翻，令人生畏。

还要看看干支纳音的情况如何，如果帮助仇星，罪状就定了。

时干和日干、时支和日支的情形决定原告和被告的胜败，干支和旺相，休、囚、死、废，也和比方的胜败有重大关系。

如果有旺气克制囚气，则可望胜诉；如果赶快抓住时机进行贿赂，倒真的能得逞。

在看看年命纳音的情形，只要时干与日干的纳音相生相合，方无顾虑。

论直符

直符在占测讼案的代表法官，它所落的宫位不可残酷要贪婪；如果直符伤日干，预示责打原告；如果直符伤时干，则会使被告蒙冤。

只要看出生克关系，原告和被告双方谁胜谁负就分清了。如果直符入宫必被驳回。而直符入爻则可结案。

如果直符落空入陷，胜负难以判定；如果直符在日干之下，则罪不可赦。

如果逢朱雀，螣蛇来克，案子必定难断，如果遇太阳、六合来伤，要遭责打。

如果勾陈、白虎来制日干或时干，差役必定很凶恶；但如果勾、白虎与日干、时干相生相合，差役则不凶恶。

九地为主管机关是寇仇，时干与之接近却不要前去投靠。九天是上司，如果与直符相生相合，告状可以消除怨愁。还应当查情逐日的阴贵人和阳贵人，如甲、戊、庚、丑、未等等。

论直使

直使用来占断讼事的起因，方法是用五行断义。

如果金与木相交则家业败落，而土木上持则失田宅。

如果水火相交必生奸淫和盗窃，若入旺相或休囚则少年早丧父母。

吉门被迫，先动获胜，后动必输；凶门来迫，纵然有理也判为无理。

必须查清日干，和时干的情形，外旺则胜，处衰败，无须多说；不言自明。

论十干

通过十干占测论事，应当看厅仪、年干、月干、日干、时干，论子父与财官。

还论六亲，以审理的时干为官，日干为文。

亲怕相刑，干怕隔，休囚迟速可以一起着。

官鬼要空，我身要旺，父宜人墓地，子宜为权星。

最好的恩星光临身宫和命宫，纵然遇到危险也不会吃官司。

论九星

九星协和吉星相生，吉星相生相合，官司便会称心如意。

凶星来克将受刑杖，这要着九星如临何干受其刑伤。

本宫如果性空居旺境，又不犯凶星，审问时其理自明。

如果是孤星，又居囚弱之地纵然审断也分不清输赢。

论九宫

龙宫论讼事，处旺气则兴讼，入衰境则息讼。

退临后气，事情就会过去，过临来气，事情正在兴起。

水元转为土，案子就会了结，木元转为火讼事又会发生。

本宫的事情应当放在本宫定，不可放其他官位。

论门户

门户代表原告各被告，天三门为原告，地四户为被告。只要门不伤天干，原告就支胜诉，户不伤天干，则被告会获胜。

门户如果是总刑之格，则不可打官司。

如果官父二室来制门户，再伤年伤和命宫，恐怕要坐牢。

论三甲

占测讼事如果见孟甲，事情多有忧虑，如果见仲甲，事情就会了结。

季甲见直符，会获罪受刑，开则得理，阖则失理。

如果三甲都不受刑害，则可以支打官司。

如果是半开半阖则应求相比，即与时日两干想比。

论吉凶格

青龙反首，原告不利。

飞鸟跌穴，被告不祥。

白虎猖狂、青龙逃走，审判不会。

九遁，行贿可获胜诉。

三诈、五假，请托权贵、走后门，效果必定很好。三胜三吉，临年宫和命宫对诉讼有利。

三奇得使，衙役为事主效力。

玉女守门，阴毒小人从中为害。

天三门、地四户，最忌日干、时干逢悖格，否则，经过很多年月灾殃才会消除。

五不遇时，审判不公，有理反成无理。

六仪击刑，涉讼犹疑不决。

三奇入墓，天罗地网、不宜用来占讼。

反吟、伏吟、门迫，案子反复难定。

在符、直使休囚，纵然告状也无益处。

年宫和命宫受克，法官断案有违情理。

一般情况是，初打官司，如果能喜遇官鬼则有利；如果欠遭纠缠和陷害，则偏宜父鬼入墓绝之地；如果官干和父干不相克也不相制，原告和被告会被当庭斥责散去，从而息讼。

卷十一

晴雨占

直符

符：九天日月，风雨晦明。

蛇：电雷虹霞。

阴：霜雪冰冻阴云。

合：和风丽日。

勾白：浓雾沉晦，疾风暴雨。

朱玄：天鼓雷电，密云细雨。

地：阴晴苦寒。

天：晴空爽气。

直使

休：白云甘露苦寒细雨。

生：狂风黄沙。

伤：青气电雹风云暴雨。

杜：虹霓闪电霹雳。

景：虹霓赤日炎风。

死：明风寒冻冰霜河瘴。

惊：狂风霹雳雹。

开：霞彩雷雹。

十干

甲：青龙旭日谷风。

乙：青龙和风丽日。

丙：朱雀新月电光。

丁：朱雀景星庆云。

戊：勾陈霜雾瘴气，迷蒙燥湿。

己：勾除黄云岚气。

庚：白虎严霜暴雨，秋冬则严霜，春夏则暴雨，按其时令。

辛：白虎同庚。

壬：玄武疾风暴雨。

癸：玄武洁雨，虹霓，凝冰，肃气，按其时令。

九星

蓬：乌云苍龙，阴雨怪气。

任：雾瘴风沙。

冲：风沙雹，晴爽。

辅：虹霓祥云。

英：彩云暗岚，霓电。

芮：雾气，阴霾，黄沙。

禽：晴风，淑气，爽籁，甘露。

柱：风霜，霹雳，寒水。

心雷电，寒光，赤霞，白气。

门户

暗霁：责天门。

风云：责地户。

合阳宫阳星晴暗。

合阴宫阴星雨。

三甲

孟甲多阴雨。阖阴开晴取。仲甲半阴晴，开阖细搜寻。季甲晴堪许，开阖从星举。

论干支

日干为天时为地，纳音五行阴阳帝。

天克地兮风生林，地克大兮空雾气。

天地生合论化神（如甲巳化土之类），金水甘露天未霁。

细雨纳音生克情，五行时令消息意。

假如合水纳是金，管教刻下风雨至。

论直符

水局主雨金局寒，门金符水教出潭。
若是符金门到水，只疑飞龙入九渊。
土局阴霾未有涯，时或四野起黄沙。
冬深符土门金冻，门土符金飞六花。
符门之间火木局，天地晴和实可夸。
木局风生火局晴，春夏逢之断得灵。
惟惧囚墓废时日，反致风停细雨霖。

论直使

直使各逐本宫求，旺气逢生从类搜。
刑制格害吟反伏，阴晴变易有来由。
休囚死废无定据，纵有风雨霎时收。

论十干

三奇六仪所临宫，阴晴克应好推穷。
惟忌背令刑墓格，时逢三合究其踪。

论九星

九星阴阳判雨晴，符泊旬空未可凭。
阳星阳宫晴堪恕，阴宫阴星主晦蒙。
半开半阖晴兼雨，内外开阖先后评。

论九宫

占验而晴论天乙，须究五行起元例。
得令失令与刑格，生克制伏阴晴别。
太阴玄武司阴雨，六合白虎雷风生。
朱雀蛇辖电雹虹，勾陈阴雾日霾取。
日时月格刑悖逢，阴阳星宫雨阳踪。
九天九地奇仪到，阳开阴阖究玄宗。
雨占奇仪化合神，方位时刻可详料。
白虎到巽六合乾，旺胡风生休废烟。
朱雀坎位官武九，主胜客气雨必然。
惟有太阴并九地，或晴或雨论宫缠。

论门户

三门八宫别阴阳，奇仪加临仔细详。

阳门阳星三奇会，断定三光出时方。

阴门阴星三奇会，会着之时不显扬。

日月星奇天门照。中宫乾巽见三光。

风雨仪神会阴星，来临六合阴势生。

地四户兮值阴宫，六仪临之风雨宗。

三奇阴星墓地户，必主其光不照空。

论三甲

孟仲季甲判阴阳，须从开阖细推详。

再察符使干星类，会合时令下断详。

论吉凶格

跌穴主晴，返首主雨。缠在阳宫方晴，移居阴垣定雨。白虎狂兮立见风生，青龙走兮决然而至。蛇妖而阴云密布，雀投江而大雨淋漓。荧入白虹霓顿起，太白入荧雷电依稀。庚格阴晴迭变，雨将电日年移。罗网四张，须知遍布阴暗，时日生克，的是晴雨真机。

又断

凡占晴，须论符、天、朱、蛇、勾、白之神，与八门生、景、死、杜、辅、禽、英、芮并起元于火木局，三奇得位，戊己当权，阳星开，必主晴。

凡占雨，须看地、阴、玄、白之神与八门之休、惊、开、伤，九星之蓬、柱、心、冲并起元于金水局，三奇虚墓，庚辛壬癸当权，阴星合，必阴雨也。

白话译释

直符：代表太阳、月亮，风、雨、阴、晴。

螣蛇：代表电、雷、虹。

太阴：代表霜雪、冰冻、阴云。

六合：代表风和日丽。

勾陈（含白虎）：代表浓雾阴沉，猋风暴雨。

朱雀（含玄武）：代表天鼓雷电，密云细雨。

九地：代表阴晴苦寒。

九天：代表晴空爽气。

直使

休门：代表白云，甘露，苦寒，细雨。

生门：代表狂风，黄沙。

伤门：代表青气，闪电，冰雹，风云，暴雨。

杜门：代表虹，闪电，炸雷。

景门：代表虹，赤日，热风。

死门：代表冷风，寒冻，冰霜，江河，瘴气。

惊门：代表狂风，炸雷，雷雹。

开门：代表彩霞，雷霆。

十干

甲干：代表青龙，旭日，谷风。

乙干：代表青龙，和风，丽日。

丙干：代表朱雀，新月，电光。

丁干：代表朱雀，景星，庆云。

戊干：代表勾陈，霜雾、瘴气，边蒙燥湿。

己干：代表勾陈，黄云，山头之气。

庚干：代表白虎，严霜、暴雨；秋冬则为严霜，春夏则为暴雨，因时令而不同。

辛干：代表白虎，以下同于庚干。

壬干：代表玄武，疾风，暴雨。

癸干：代表玄武，洁雨，彩虹，凝冰，肃气，因时令而不同。

九星

天蓬星：代表乌云苍龙，阴雨怪气。

天任星：代表雾瘴，风沙。

天冲星：代表风，沙，冰雹，晴爽。

天铺星：代表彩虹，祥云。

天英星：代表彩云，暗岚，虹，电。

天芮星：雾气，阴云，黄沙。

天禽星：代表晴风，淑气，爽籁，甘露。

天柱显：代表风霜，炸雷，寒水。

天心星：代表雷电，寒光，赤霞，白气。

门户

晴霁：看天门。

风云：看地户。

门户与阳宫阳星相会则晴；门户与阴宫阴星相合则雨。

三甲

逢孟甲多阴雨，阖则天阴，开则天晴；见仲甲半阴晴，从开阖中仔细搜寻：开则半晴，阖则半阴遇季甲则为晴，开阖与九星相关。

论干支

日干为天，时干为地，占测要着纳音五行和阴阳。

天克地，风从林中生起；地克天，空中升起雾气。

还要看天地相生相合、论化神如下巳化为止之类，金水相生相合生甘露，但天并未放晴。

细雨和纳音五行生克相关，五行随时令变化而变化。

如果合水纳全，立刻就会刮风下雨。

论直符

水局主下雨、全局主寒冷，天门见金、直符见水必降大雨：如果直符到金、天门到水，也会降大雨。

如果见土局则阴云密布，当时还会四野飞起黄沙。

直符见土生严寒，天门见金则冻冰；天门见土。直符见全则下大雪。

如果直符和天门之间出现火局、木局，天晴地和，阳光普照。

木局主生风，火局主天晴，春季和夏季逢之必定得到验证。时干、日干不能人囚、墓、废之地，因为那样会风停雨息。

论直使

以直使占测晴雨要就本宫去看，见旺气逢相生会风调雨顺。见相刑相制、反吟、伏吟格，阴晴就会发生变化。

入休、囚、死、废之地，纵然有风有雨，也会立刻停止。

论十干

天干如果与三奇、六仪所临之宫相应，天必晴；如果与三奇、一六仪所临之宫相克，天必阴。

天干忌讳背令刑墓格，遇之天必阴。

论九星

九星的阴阳可判下雨和晴天，符泊旬空也是判断的依据。

阳星入阳宫，是晴天；阴星入阴宫，是阴天。

半开半阖，时而晴天，时而下雨；九星在内四宫遇开先晴后雨，在外四宫遇阖先雨后晴。

论九宫

占验下雨还是晴天要看天乙，还要论五行生克的情况。

得令、失令与刑格，以及相生、相克、相制与伏吟，都能用来判别是阴是晴。

太阴、玄武加临，必定是阴雨天；六合、白虎加临，有风有雷。

朱雀螣蛇加临，有闪电、冰雹、彩虹；勾陈加临。浓雾弥漫，阴云密布。

九宫逢时格、日格、月格、刀格和悖格，见阴星阴宫下雨，见阳星阳宫晴天。

九天、九地、三奇、六仪入九宫，阳开晴天，阴阖下雨。占雨还要看三奇、六仪化合的情形，方位和时刻也仔细考究。

白虎到巽官与乾六官相合，旺、相则起风，休、废则生烟。

朱雀到坎宫、玄武到离九宫，如果主胜客必然下雨。

只有太阴和九地，是看它们所到宫位判定晴天或雨天。

论门户

天三门、八宫有阴阳之别，三奇、六仪加临时要仔细推算。

阳门阳星与三奇相会，必定是晴天。

阴门阳星与三奇相会，必定是阴天。

阳星与六仪相会有风雨，阴星加临六合为阴大。

地四户如果见阴官，再有六仪加临，有风有雨。

三奇逢阴星，地户入墓，必是阴天。

论三甲

孟甲、仲甲、季甲分阴阳，这须从开阖中仔细推算。

还要看直符、直使和天下，结合时令作出判断。

论吉凶格

飞鸟跌穴，主晴。青龙返首，主雨。居于阳宫，才会有晴天。移居阴宫，必然下雨。白虎猖狂，立见风起。青龙逃走，必定下雨。螣蛇夭矫，阴云密布。朱雀投江，大雨倾盆：荧入太白，雨后放晴，出现彩虹。太白入荧，雷电交加。伏庚格，阴转晴，晴转阴，变化不定，罗网四张，阴云密布，天色昏暗。日干生时干，晴天；日干克时干，雨天。

直符

符：发轫之初，气概雄伟。羊盾虎皮。

蛇：口实虚惊，奸佞心毒，委曲婉转。

阴：小人暗算，沉滞猥小，深谋远虑。

合：亲朋招抚，和蔼慈祥，易惑易动。

勾白：事多磨折，果敢执拗，道路惊恐，凶勇威权。

朱玄：词讼是非，巧辨能文，宜防欺伪，奸险阴邪。

地：宜防险阻，深机大度，阴险莫测。

天：出谷迁向，轩昂大方，虚张声势。

直使

休：利谒见，安葬，固执，事屈而伸。

生：利经营，安葬，守时，鸣则惊人。

伤：利捕猎，得凶着损，先令损伤。

杜：利遮拦，安分潜形，隐匿秘密。

景：利投书，利见大人，文书消息。

死：防缢死，收积财货，吊丧行刑。

惊：利擒讼，声名振世，肃杀虚惊。

开：利远行，远图，举谋，营造，市贾。

十干

甲：若父兄师，高人君子。

乙：如姊姑妹，僧道艺术。

丙：儿孙甥佐，诗人墨客。

丁：女孙，媒妁。

戊：妾，健步。

己：妻、婢，农人，士工。

庚：祖父，将帅，军校。

辛：祖母，陶冶，匠尼。

壬：母，牙客，舟人，脚役，稳婆。

癸：母，姨，参谋，博士。

九星

蓬：须黑，肥浊，勇猛、沉滞。

任：矮跎，跛足，诱诈，师巫。

冲：五表清奇，善群奇伟。

辅：清秀歌诀，文雅和顺。

禽：端正淑实，忠良正直。

芮：黑矮肥胖，拘执忍耐。

英：枣面青须，稀发麻斑，脱须。

柱：长大雄狼，刚暴险恶。

心：阔面重腮，大耳，果断辩才。

九宫

一：得令才名双美，失令风流荡子。

二：得令富厚，失令奔驰。

三：得令聪明虚诈，失令有始无终。

四：节申子辰，气巳酉丑。

五：节四维土，气四库土。

六：节寅午戌，气亥卯未。

七：得令威名服众，失令刑克险恶。

八：得时有路，先令执滞。

九：得令清秀文墨；失令匠作诡谋。

门户

荣贵责天门，富厚责地户。门户合阳宫阳星得令，轩昂近贵，合阴宫阴星失令，奸险小人。

三甲

孟甲多慷慨，开主武魁，阖主瘦长，或矮疲。

仲甲多潇洒，开主飘荡，阖主刑害，或僧道艺术。

季甲多敦厚，开主刑冲，阖主悭啬孤独。

论干支

日干为身时干命，纳音之中运气定。

身无伤克是吉胎，纳音生扶事业成。

得化得时不刑伤，此君名望人钦敬。

最怕身命值休囚，祖业于今都无剩。

纳音最虑身命墓，作事多歧寿恐竞。

论直符

直符论人在使事，十干人物是性情。
九宫起源论来历，门户开阖事业因。
岁月日时行年命，宫分泊落细推寻。
已过将来及时旺，子父财官逐类分。
大凡直符泊空乡，生平事业甚乖张。
年命再值刑格墓，只疑前程不久长。
次及岁月日时干，不值刑格事多欢。
其中有一失宫次，根苗花果分类看。

论直使

直使从来考作为，逢生乘胜始相宜。
倘值刑害兼格墓，所谋未许遂心期。
从旁检点年命上。次及四干门所依。
五凶三吉并空废，休咎其间另有机。

论十干

奇仪九处序六亲，各从起宫辨来因。
直符宫元时元旺，得符得使亨利贞。

论九星

九星自古别性情，各随五行考羲经。
孤虚旺相及年命，逐一参看自灵通。

论九宫

九宫起元考系派，会局得时多贵介。
逐类用神察旁宫，作术兴废数内载。

论门户

须察奇仪分八卦，宫陷墓绝论亲因。
年命所欣三六会，算来人物自亨通。

论三甲

三门四户合阳开，年命逢之显者来。
如若失令值阴阖，作事多见巧中呆。

论吉凶格

螣蛇含金忧口吻，忽然坠水生灾非。大阴裸体或承羞，六白临西阴谋忌。

勾陈卯位公事忧，到艮申庚门毁嗔。白虎惊柱，衔刀可畏，朱雀杜景，喧噪堪嫌。玄武居乾，不能终势。九地杜死，没齿无闻，九天生开，云龙变化。甲乙春荣，丙丁夏盛，戊己四季，庚辛旺秋，壬癸喜冬。此皆发达超群之人。至若甲得已而中正可风，乙遇庚而刚柔相济，丙辛合而施威，丁见壬而谄媚，戊癸刚决，无缘宵小。八宫互合蔼蔼吉人，各宫偏党，径径鄙劣。合中带刑，美不足；凶空吉实，乐有余。从其相生，避其相克，年月日时参究而得。龙返首而事业顺美；鸟跃穴而声名显扬。得遁才堪权变，逢诈自能干旋。得使内外有助，守门出入亨通。五假机缘迈众，三胜胆略过人。天矫而作事虚惊，投江而文信遗失。伏干出遗财物，飞干特强自伤。伏宫须防盗贼，飞宫事业消亡。大隔小隔，一谋为不转，刑格悖格，祸自内生。白入荧宜防外敌，荧入白仇敌自亡。龙逃防身灾晦，虎狂恐扬乖张。五不遇举动蹭蹬，罗网四张出入宜防。六仪击刑凶灾各别，三奇入墓图谋不扬。反吟伏岭多嗽唧，吉凶门迫果非祥。开马吉门临命上，策骥生方永无殃。

又诀

凡占造化，须看其本命行年属何卦气，当令失令，以断其生平之吉凶。次及卒日子支之纳音，时干支之纳生旺，克制何如。以断其目下事业之兴衰；直符起元何宫，元属本宫何亲，今午休中卦旺相生克何如？其子人父垣，妾让妻位，从中斟酌，自得消息。再详直使，以定其眼前之作为，会合年命以观其变化之神妙。如父占子，则看儿舍，夫占妻，则论妻神。遂得所值之星。以察其心事人品，更加详于门户开阖，三甲阴阳，自当得其玄妙矣。

白话译释

直符

直符：代表行动之初，气概雄伟，外强中干。

螣蛇：代表口实虚惊，内中奸诈，外表和善，心毒，言语委曲婉转。

太阴：代表小人暗算，沉滞猥琐，深谋远虑。

六合：代表亲朋招抚，和蔼慈祥，易受迷惑，易于冲动。

勾陈（含白虎）：代表事多折磨，性情果敢执拗，道路上遇到惊恐，凶狠、勇敢又多权变。

朱雀（含玄武）：代表善于诉讼。巧辩能丈，宜防欺伪，奸邪险阻。

九地：代表宜防险阻，为人深机大度，阴险莫测。

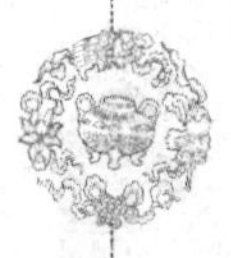

九天：代表出谷迁向，轩昂大方，虚张声势。

直使

休门：利于拜访贵人、安葬死人，为人固执，理屈却强硬。

生门：利于经营事业、安葬死人，遵守时间，不鸣则已，一鸣惊人。

伤门：利于捕猎，得凶受损，先分损伤。

杜门：利于遮拦，安分洁形，隐藏秘密。

景门：利于投书送信，利于拜贵人和传递文书信息。

死门：防止上吊而死，收积财货，吊丧行刑。

惊门：利于擒拿、诉讼，声名振世，肃杀虚惊。

开门：利于远行、远图，举谋，营造，经商。

十干

甲干：代表父亲、兄长、师长、高人、君子。

乙干：代表姐姐、姑母、妹妹，和尚、道士和艺人。

丙干：代表儿子、孙子、外甥、助手，诗人、墨客。

丁干：代表女儿、孙子，媒人。

戊干：代表妾，健步。

已干：代表妻子、婢女，农民、文人、工匠。

庚干：代表祖父，将帅、军校。

辛干：代表祖母，陶冶，工匠，尼姑。

壬干：代表母亲，经纪人，船夫，车夫，接生婆。

癸干：代表母亲、姨妈，参谋，博士即学者。

九星

天蓬星：胡须浓黑，身子肥壮，勇猛沉稳。

天任星：身材矮小，驼背，瘸腿，奸诈，医生、巫婆或神汉。

天冲星：五表即两臂、双腿、身躯清奇，善于口辩，身躯奇伟。

天辅星：仪容清秀，善于歌唱，文雅和顺。

天禽星：品行端正，性情温良、诚实，为人忠良正直。

天芮星：黑矮肥胖，拘谨忍耐。

天英星：红胜黑须，头发稀少，满脸麻斑，胡须稀疏。

天柱星：身材高大，性情雄狠，为刚烈、暴躁、险恶。

天心星：宽脸，大腮，大耳，果断善辩。

九宫

坎宫：如果得令，才名双美；如果失令，风流荡子。

坤富：如果得令，家业富厚；如果失令，奔走求生。

震宫：如果得令，为人聪明虚诈；如果失令，做事有始无终。

巽宫：节为中子辰，气为巳酉丑。

中宫：节为四维土，气为四库土。

乾宫：节为寅午戌，气为亥卯未。

兑宫：如果得令，威名服众；如果失令，刑克险恶。

艮宫：如果得时，道路广阔；如果失时，事业不顺。

离宫：如果得令，仪表清秀，善于文墨；如果失令，只能成为工匠，为人好施诡计奸谋。

门户

荣贵看天三门，富厚看地四户。

天三门与地四户与阴宫阳星相合又得令，器宇轩昂，近乎贵人天三门与地四户与阴宫阴星相合失令，内心奸险，必是小人。

三甲

孟甲多慷慨，开则为人威武，阖则身材瘦长或矮疲。

仲甲多潇洒，开则一生飘荡。阖则遭受刑害，或沦为和尚、道士、艺人。

季甲多敦厚，开则遭刑冲，阖则吝啬、孤独。

论干支

日干为身，时干为命，在纳音之中运气已经注定。

身不伤克便吉利，再有纳音相生予以扶持，事业必能成功。

得化得时而又不受刑伤，其人名望崇高受人钦敬。

最怕身宫和命宫入休囚之地，因为那会使祖上留下的家业荡然无存。

最忌身官和命宫纳音入墓，因为那会使做事多现差错，而且早死。

论直符

论人要看直符，论事要看在使，论人物的性情要看十干。

论人的来历要着九宫，论事业要看天三门和地四户的开阖。

年干、月干、日干、时干和行年命宫等等，都应仔细推寻。

过去、将来和现在，子、父、财、官等等，都应逐类加以区分。

凡是直符落入空乡，生平事业多不顺利。

年官和命宫再逢刑格入墓地，一生前程不会久长。

岁干、月干、日干、时干只要不逢刑格，事业多会取得成功。

但是一旦其中一子失位，事业起初成功，最终将会失败。

论直使

直使可以用来考察一个人的所作所为和事业成败，只有逢生乘旺才适宜。

倘若逢到刑害和刑格墓地，所作所为便不能称心如意。

还要看年宫和命宫，以及年干、月干、日干、时干所依何门。

八门中的五凶门、三吉门和空、废、休、咎，都应仔细推算。

论十干

三奇、六仪和九宫都定六条，各从起官分辨起因。

只要直符、宫位、时干原本处于旺地，并且得直符、直使，前程就会亨通、顺利、吉祥。

论九星

九星从来都是用来看人的性情，占测的时候要考察五行的生克情况。

还要考察孤、虚、旺、相和年宫、命宫，然后逐一加以参看，占测自然灵通。

论九宫

通过九宫占测应考察它各方面的情况，如果会局得时，日后多会显贵。

还要逐类用神并考察其他宫位，因为人的作为和事业的兴废都蕴含在其中。

论门户

应当把三奇和六仪分配到八卦之中加以考察，从宫位的陷、墓、绝中论原因。

年宫和伞宫都喜欢与三奇，六仪相会，如果相会，前程自然会亨通远大。

论三甲

天三门、地四户与三甲的阳三甲的开相合，年宫和命宫逢之会成为显贵。

如果天三门、地四户失令与阴三甲的阖相遇，做事多会弄巧成拙从而导致失败。

论吉凶格

螣蛇含金，多口舌是非，还会忽然之间落水溺死，造成灾祸。

太阴裸体，会招来羞辱。

太白临西，不可施行计谋。

勾陈到卯位，公事多忧；勾陈到艮、申、庚位，家业毁败。

白虎惊天柱星，有杀身之祸。

朱雀临杜门、景门，喧哗鼓噪令人生厌。

玄武居乾宫，有始无终。

九地临杜门、死门，终生默默无闻。

九天临生门、开门，云龙变化即事业发达。

甲乙二干，春季事业昌荣；丙丁二干，夏季事业繁盛；戊已二干，一年四季事业都会兴旺；庚辛二干。秋季事业兴旺发达，壬癸二干，一冬季喜事临门。这些都是事业发达，才能超群的人。

甲得已，品行中和端正，可为风范。

乙遇庚，性情，才智刚柔相济。

丙含辛，其人好逞威风。

丁见壬，其人淫荡狐媚。

戊逢癸，其人刚毅果决，与小人无缘。

人宫互合，其人和蔼可亲，是个吉人。

各宫偏党，其人浅薄，固执而又卑劣。合中带刑，美中不足。凶空吉实，东而有余。从其相生，避其相克，对年、月、日、时加以参照和考察，就可以作出判断，青龙返首，事业顺笑。飞鸟跌穴，名声显扬，得遁即九遁，善十权变，逢诈即三诈门，精于周旋。得直使，内外有助；守八门，出人亨通。逢五假，机遇出众；遇三胜，胆略过人。螣蛇夭娇，做事虚惊，朱雀投江，丈信遗失。伏干，外出丢失财物；飞干，恃强逞凶，自伤其身。伏宫，应当防备盗贼；飞宫，事业将会失败。大格小格，经营事业困难重重；刑格悖格，灾祸从内部产生。太白入荧，应当防范外敌入侵；荧入太白，仇敌不攻自亡。青龙逃走，灾祸不断，应当防身；白虎猖狂，为人凶暴激昂，性情乖张。五不遇时，举动多不顺利；罗网四张，出入应防不测。六仪击刑，有各种各样的凶险灾祸；三奇入墓，无论干什么都不会战功。反吟、伏吟，多有忧愁；吉凶门迫，后果不吉。天马吉门加，临命宫，前景光明，永无灾殃。

科试占

论干支

日干原为应试人，时干却是主考临。

日支文章忌刑害，时支场屋所寄陈。

纳音之中去查取，等第优劣可详分。

旺相生合为吉兆，刑囚攻截总遭迍。

日生主文定贿嘱，主文生日宜中君。

文章再与主考合，掷地金声姓氏芬。

惟忌时纳遭刑制，只恐类窄有遗论。

两支亦忌相刑害，伤惊涂抹要留心。

论直符

科试先须论直符，逢生合旺可进图。

朱白生身名高擢，勾蛇刑害卷糊涂。

年命日元九天位，皇都得意唱传胪。

论直使

直使论门以后先，开遇九天御笔鲜。

札临九地孙山外，景门临之不列前。

大约用门无刑格，旁类多吉副榜边。

论十干

奇仪用神怕刑格，飞伏宫次相推测。

三奇凑聚年命间，来朝定作金榜客。

论九星

符星起伏忌孤虚，背时击刑总嗟吁。

入父入官要身旺，献策把书可曳裾。

论九宫

起元专考飞伏宫。弱飞旺兮可从龙。

官父相交多得意，比脱加临可空落。

论门户

将揭晓兮看天门，吉星生合步青云。

初入闱兮看地户，得令生官中举人。

论三甲

三甲区分前后中，阳开星吉与生身。

得此堪言名已备，只从甲位寄奇踪。

论吉凶格

返首跌穴无疵方得成名，虎狂龙走有伤，那能进步。天遁人遁际会风云之客；虎遁龙遁，蟾宫折桂之人。俱要填合年命用干，始可断其天衢得路。

三诈五假，从前挫折始亨通，得使守门，旁求公荐方得意。门户忌伤符使，人元最怕休囚。天马上乘朱雀，泥封已出天衢。夭娇而文不入式，投江而卷或漏遗。伏干飞干，只疑场屋生变；飞宫伏宫，又惧试后兴殃。格隔进呈有阻，刑悖字号宜防。荧入白兮不第，白入荧兮不扬。不遇徒劳献策，击刑反惹惊惶。入墓罗网，年命吉而可言中；反伏门迫，虽人试而未免银铛。天乙禄马乘吉时，来生年命自飞黄。

白话译释

论干支

日干为应试人，时干为主考官。

日支为文章忌见刑害，时支为考场。

考试的等级应到纳音中去查寻，是优是劣一查就清楚了。

旺、相、生、合是吉祥的征兆，刑、囚、政、截则是不祥的征兆。

日干生日支必定行贿请托，日支生日干必定中选。

文章再跟主考相会即日支与时干相合，中选将肯定无疑。

只忌时干和时支纳音受刑受制，其名可能被遗漏。

日支和时支也忌受刑害，考试时千万要留心。

论直符

占测科举考试应当先论直符，如果逢生合旺有望考中。

如果朱雀和白虎生身官，名列高位；如果勾陈和螣蛇刑害身宫，会考得一塌糊涂。

如果年宫命宫日干居于九天之位，则会考中状元。

论直使

看直使论八门要分先后，开门遇九天会被皇帝御笔点为状元。

如果杜门临九地，必定名落孙山，而景门临九地名次也不会靠前。

总的来说，八门不能见刑格，而见其他各格则多吉利，会名列副榜。

论十干

三奇、六仪用神惧怕刑格，应按飞宫、伏宫依次推测。

三奇居于年宫和命宫之间，必定金榜题名。

论九星

直符、九星的起伏忌孤虚，背时击刑，必定落榜。入父入官身宫要居旺地，必定金榜题名。

论九宫

占测之初要着飞宫和伏宫，如果由弱地飞到旺地，则可以考中。

官父相交，应试往往得意，如果比脱加临则会落榜。

论门户

科举考试即将放榜时应看天三门，如果有吉星与天三门相生相合，则会平步青云。

考试之初应看地四户，如果地四户得令生官必定中举即考中。

论三甲

三甲分为前后中即孟甲，季甲，仲甲。又有阳开星吉与生身，如果得到以上这些，名声已经具备，只要居于甲位就会发生奇迹。

论吉凶格

青龙返首、飞鸟跌穴，没有瑕疵才能成名。

白虎猖狂、青龙逃走，有伤便不能兴旺发达。

天遁人遁，风云际会的英雄人物。虎遁龙遁，科举高中状元。

以上各格都要填合年宫、伞宫用干，才可以断定其人步步高升。

三诈、五假，从前挫折才会亨通顺利；三奇得使、玉女守门，经人推荐才能得意。

天三门、地四户忌与直符、直使相伤；人元最怕陷入休囚之地。

天马上乘朱雀，科考必定中选。

螣蛇夭娇，文章不会入选；朱雀投江，试卷可能遗漏。

伏干、飞干、怀疑考场生变；飞宫、伏宫，害怕考后有灾。

格隔，进呈试卷受到阻碍；刑格，字号宜防差错。

荧入太白，不会考中；太白入荧，名次不高。

五不遇时，献策徒劳无功；六仪去刑，反而会惹出惊惶。

三奇入墓、罗网四张，只要年宫命宫吉利，可以考中；反吟、伏吟、门迫，虽入试却免不了琅铛入狱。

如果天乙禄马上乘吉时，并且来生年宫、命宫，自会飞黄腾达。

求财占

论干支

日元为人时元财，两支中间债物船。

纳音之中定市价，孤虚旺相着载量。
日克时兮财可就，时克日兮恼心怀。
买货时支分贵贱，生合人元可买来。
卖货日支分休旺，最易生支又作财。
日纳如若克时纳，倍息生意此一回。
时纳若克于日纳，空费心机事不谐。
一切艺术图谋事，亦喜时生鬼化财。
大抵上下无刑害，始终如意不消猜。
索债取捕他受制，支纳生干可得来。

论直符

直符货物交易情，或生或旺休废刑。
卖货生旺宜售客，买货休囚当速成。
六合中人忌克休，勾如伤用必迟行。
玄朱伤人防失脱，又恐腐烂货不真。
九地生身宜堆积，九天生会卖遂心。
就使空拳去觅利，亦喜符旺又相生。

论直使

直使求财出八方，门尢伤克利偏安。
吉门更临生旺地，腰缠千万可行藏。
若得用门守财令，坐贾行商不用忙。

论十干

奇仪详兮子与财，子旺财生可遂怀。
最喜财库命临身，到手时日此中该。

论九星

符星喜旺制财星，财星空旺总劳神。
财星化鬼君休觅，鬼化为财白手覆。
若还飞入比肩地，其间必定有分争。
财星若去投子舍，我到其方自获成。

论九宫

起元分辨是何财，土宜布菽粟盐谐。
水土经商火窑冶，金为钱谷珠玉该。
时日会元乘生旺，此时端的遂心怀。

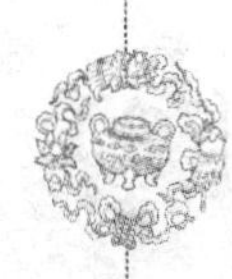

只有飞伏临何处，便察从何得将来。

论门户

门户莫与财元劫，生助财官方安贴。

符元更制门户上，青蚨多翼方门歇。

论三甲

孟甲原宜去求财，仲甲半喜遂心怀。

季甲欲求求未得，开阖中间得失裁。

论吉凶格

返首跌穴，垂手可得，虎狂龙走，相自逢迎。得遁格机变而取，逢诈假设，计以求。得使而中人效力，守门而坐贾偏宜。三门四户，最宜生合财神；天马私门，不宜刑冲符命。夭矫而人情反覆，投江而售卖不行。伏宫飞宫，此地不比他地；伏干飞干，此人不比那人。大小格难以觅利、刑悖隔就早抽身。荧入白兮宜买货，白入荧兮卖称情。不遇空费心力，击刑此处难求。入墓罗网，纵见利而不得手；反伏门迫，虽怀宝而难入乱，最要持纳符元三才，合式，不逢鬼劫为祥。

白话译释

论干支

日干为人、时干为财，日支为债、时支为物。

纳音之中决定市价，要根据孤虚、旺、相仔细推算。

如果日干、日支克时干、时支，能够发财；但如果时干、时支克日干、日支，则会为钱财而烦恼。

时支居于贵位货可买到，与人元相生相合货可买来。

日支处于休囚之地可卖货，再与时支、时干相生最易发财。

日干、时干纳音如果被日支、时支所克，买卖可以获得成倍的利息。

日支、时支纳音如果被日干、时干所克，则空费心机，无财可发。

凭技艺前去求财，则须与时干、时支相生，使官鬼为化妻财。

只要上下即天盘和地盘无刑害，经商求财始终称心如意。

讨债取捕他受制，如果日支、时支纳音生日干、时干纳音，财可得来。

论直符

直符为货物，其生、旺、休、废、刑状态都与交易相关。

卖货遇生旺就当出售，买货见体囚应当尽快成交。

六合忌中人克休，勾陈受伤交易不会很快做成。

玄武、朱雀伤人应防备货物丢失，还要防备腐烂货物变质。

九地生身宫货物会积压，九天生合能按时卖出。

就直使前去求利，喜见直符入旺又相生。

论直使

通过直使占测求财还要看人门，如果八门无伤无克，便会有利可图。

三个吉如果又临生旺地，可以腰缠万贯发横财。

如果用门去守财令，无论如何经商，都能发财。

论十干

三奇、六仪看罢还要看子宫与财宫，如果子宫旺财宫生，求财会称心如意。

最喜欢财库加临身宫，此后再看日干时干。

论九星

直符善居旺地克制财星，如果财星空旺，求财是白费神，财星如果化鬼不可去求财，但如果鬼化为财则会白手起家。如果又飞入同类宫位，求财必定有争夺。

财星如果去人子宫，前去求财自会获得成功。

论九宫

通过九宫占财应先分辨是什么财，见土宜于求布匹，粮食、盐等等。

见水和土应当经商，见火应当去烧窑；见金应当去求钱、谷、珠、玉等等。

如果时干日干会玄又乘生旺之地，此时求财能够称心如意。只要着飞干、伏干加临何宫，便可以知道应当去何处求财。

论门户

天二门与地四户不可与财宫相伤，二者与财宫相生从而助财宫，才可以安稳求财。

如果符元又制天三门、地四户，钱就会源源不断飞来。

论三甲

孟甲宜于去求财，仲甲一半宜于求财，也能使求财者称心如意。

见季甲纵然想去求财也求不到，这要在开阖之间权衡得失。

论吉凶格

青龙返首、飞鸟跌穴，求财垂手可得，十分容易。

白虎猖狂、青龙逃走，财不求可自来。

得九遁各格，应当随机应变去求财。逢三诈、五假格，应当精心策划设计去求财。三奇得使，经纪人从中效力，帮助得财。玉女守门，坐贾即开店经商偏偏适宜发财。天三门、地四户，与财神相生相合最宜求财。天马私门，不宜刑冲直符和命宫。螣蛇夭娇，人情反复，求财难成。朱雀投江，货物卖不出去。伏宫、飞宫，应当到别处去求财。伏干、飞干，应当与他人共同求财。大格、小格，难以求利。

刑格、悖格，应当及早脱身。荧入太白，应当买货；太白入荧，应当卖货。五不遇时，求财不得，空费心力。五仪击刑，此处难以求财。入墓罗网，纵然见利却不能得手。反吟、伏吟、门迫，即使怀宝却唯以出售。最关紧要的是持纳符元之才，合式而不逢鬼劫，才为吉祥。

卷十二

行人占

论干支

推测行人来不来，只从时日细安排。
时元合生日元上，逢制日支车马回。
又喜时支作日马，日支合马归时下。
若使时马系日支，投墓支干定返期。
最总截空与刑墓，死绝多应音信稀。
日音时纳去留人，纳音生合已登程。
时音来克日干纳，行人飞骥在武陵。
干纳克制用时纳，纵欲动身又怕行。
更详临官占驿马，三合时日察归情。

论直符

直符所推论行人，旺相逢生必称心。
休囚刑克岂得意，空亡在想家中门。
勾白朱蛇逢克制，多般迟滞是非生。
玄武太阴如生合，义疑阴小绊行程。
五马如投天与地，归鞭已拂岭头云。

论直使

直使断可断行踪，门合来方归意浓。
推忌惊伤与杜死，刑格迫伏未回踪。
开休生景乘天忌，加临干符墓相逢。

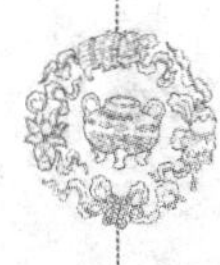

论十干

十干时兮所望亲，用神乘马始来临。

马阻关东归未得，马过山谷喜相寻。

论九星

九星南北与西东，来旺投生在外栖。

入墓加比营归计，前程空绝必回庐。

论九宫

起元伐问去何方，却将本局所推详。

仪历过来搜父此，此宫此日合回乡。

论门户

门户要合符与门，时日驿马可搜寻。

要看加临何亲属，加合占人评来临。

论三甲

行人孟阖未登程，仲甲开兮路宿云。

季甲值开人便到，本甲之上考门时。

喜时日干支门符坐马来马，又杳行人类神，年命，相生相合而甲门内开不合大为准到也。

论吉凶格

返首跌穴早已束装，其中迅速刑合参详。虎狂兮羁留而不返，龙走兮蹭蹬不归乡。遁格合时日两元，可以言到，诈假会白虎朱蛇，书信必来。蛇天而道路灾疫；投江而川计傍徨。飞干伏干，来情不善；伏宫飞宫，客若遐荒。大小格而迁延时日，刑悖格而彼此俱伤。白入荧而行人将到，荧入白而书信皆亡。不遇何须盼望，击刑有事相妨。入墓无伤可云到宅；罗网相格莫断回乡。反伏门迫，须分行人远近；若会驿马临官，反主去客登堂。

白话译释

论干支

推测外出远行的人归来不归来，只须仔细考察日干和时干。

时干与日干相生相合，又制日支，远行人必会乘车骑马回家来。

又喜欢时支作日干驿马，日支与驿马相合立时就会回来。

如果时干驿马在日支之后，入墓的支干可以确定归返的日期。

最忌落入截空与刑墓之地，也忌落入死、绝之境，因为这种情况预示音信稀少。

日、时纳音人不回，纳音生合行人已经起程。

时干纳音来克日干纳音，行人很快就会回来。

日干纳音克制时干纳音，纵然想动身回家又怕路途艰辛。

还要占干支的，临宫驿马，日时三合必归来。

论直符

通过直符占测行人，直符旺、相逢生，必能称心如意。

若逢休囚刑克便难如人意，空亡在后也回不了家。

勾陈、白虎、朱雀、螣蛇逢克逢制，归期多次推迟而生出是非。

玄武、太明如与直符相生相合，阴毒小人从中阻碍使行人不能上路。

天盘、地盘有中五宫驿马，行人很快就会回来。

论直使

直使可以占断行人的行踪，门与来的方位相合，行人极欲归来。

但是只忌惊门、伤门与杜门、死门，见刑格、门格、伏格，行人不会归来。

如果开门、休门、生门、景门上乘天忌，加临天干、直符又与墓地相逢。

论十干

十干中的时十可占行人归来，用神并乘驿马才会归来。

如果驿马阻于关东即加，临东方不得回，但驿马过艮富则会归来。

论九星

九星无论居于什么方位，来旺投生都停留在外地。

九星入墓加比才有望归来，前程太空绝之地必归家。

论九宫

通过九宫占测行人，应在本局进行推断。

六仪过来居父位，此宫此日就会回乡。

论门户

天三门与地四户要与直符和门相合，考察日干支与时干支可以推出何时回来。

要看驿马加临何宫，这样就可以断定何时来临。

论三甲

如果孟甲值阖行人尚未起程；仲甲值开正在路途之上。

季甲值开行人马上就到家，本甲之上考察什么时间到达。

论吉凶格

青龙返首、飞鸟跌穴，行人早已整装待发，其行动的快慢就结合相刑相合作出推断。

白虎猖狂，羁留外地而不返乡。

青龙逃走，迟迟不得返乡。

遁格与日时相合，可以按到家论断。

三诈、五假会白虎、未雀、螣蛇，行人必有书信寄来。

螣蛇夭矫，行人在路上遇到灾难或瘟疫。

失雀投江，彷徨不归。

飞干、伏干，不想归来。

伏宫、飞宫，客居荒远之地。

大格、小格，迁延时日，迟迟不归。

刑格、悖格，行人与家人彼此俱伤。

太白火荧，行人即将到家。

荧入太白，书信全无。

五不遇时，行人不归，不须盼望。

六仪击刑，有事妨碍行人归来。

三奇入墓，不会归来。

罗网四张，不要断为回乡。

反吟、伏吟、门迫，应分行人远近，如果会驿马宫加临官禄宫，离开客居之地回到家里。

出行占

论干支

日元为人时元地，人元克地去向利。

时元如若克人元，所往之方多不济。

时纳所藏是中途，不伤人元堪策骥。

若得再来生日元，未到地头先称意。

最忌截空与刑害，进退趑趄方另议。

论直符

出行道行宜生旺，六合所主同伴当。

勾陈白虎依程途，朱蛇文信口舌项。
玄武所主盗与奸，前后俱忌相利创。
地阴克制路多歧，九天生合宜去向。

论直使

出行直使最为重，加临无伤始堪用。
本门起白何卦中，飞临生合人趋奉。
其间用空与落空，反伏迫格及刑冲。
起程不得去无向，劝君另自卜门从。

论十干

奇仪所主六亲神，旅舍风尘亦同因。
图谋宜入财官位，投托须临父舍恩。
忌入官乡与刑格，再据地方车折轮。

论吉凶格

吉格事事俱吉，凶格事事俱凶。夭矫防口舌，投江莫长驱。伏干飞干，途中前后有变；伏宫飞宫，早晚旅宿多殃。大隔小隔，舟车宜防；刑格悖格。盗劫斗伤。荧入白而火盗留意，白入荧而辎重提防。不遇何劳远去，击刑莫求行装。入墓罗网，切勿轻身险地，反伏门迫，进退受困，奔忙必求符使协，吉助元无碍起行。

白话译释

论干支

日干支为人，时干支为地，如果人克地，去求利。
地如果克人，所去的地方多不利。
时纳所藏在路途之中，如果不伤人元即日干支，可以赶紧出行。
如果能再生日干支，未到目的地先已称心如意。
最忌截空与刑害，进也不是，退也不是，进退两难，才另作计议。

论直符

出行道路宜见生旺之地，六合所主是同路人。
勾陈、白虎是路途，朱雀、螣蛇是文书口信。
玄武所主是强盗和奸计，前后都忌相互刑伤。
九地、太阴互相克制路途不明，九天与之相生相合是去向。

论直使

占出行直使最为重要，不过只有加临之处无妨害才可以使用。

要推算本门起自哪一卦之中，飞临生合之处，行人才可去。

其间有用空与落空，反吟、伏吟、门迫各格和相刑相冲。

起程时去向必须确定，这要从门的占测做起。

论十干

三奇、六仪所主的是六亲各神，旅行的艰难都与六亲各神有关。

试图有所作为宜人财宫，投奔请托他人应加临父宫。

忌讳进入官乡和刑格，如果到了这些宫位，应当另换地方。

论吉凶格

遇吉格事事都吉，见四格事事都凶。螣蛇夭矫，应防口舌是非。

朱雀投江，不要长途旅行。伏干、飞干，路途之中前后有变故。

伏宫、飞官，在旅店住宿多有灾映。大格、小格，应防船祸车灾。

刑格、悖格，必有盗劫斗伤。荧入太白，应当防备失火与盗劫。

太白入荧，应当防备物品丢失。五不遇时，不可远去。

六仪去刑，不可外出。三奇入墓、罗网四张，切不要轻装去凶险之地。

反迫、伏迫、门迫，进退两难，受困一方。

为出行奔忙必求直符与直使协调，吉助元没有妨碍才可以起程。

家宅占

论直符

符，宅艮山向。

蛇，向小婢、惊癫。

阴，女婢。

合：子女弟兄亲友。

勾白：奴婢，道路。

朱玄：光棍口舌盗贼小人。

天：明堂。

地：暗室。

直使

休：坎宅门路。

生：艮宅门路。

伤：震宅门路。

杜：巽宅门路。

景：离宅门路。

死：坤宅门路。

惊：兑宅门路。

开：乾宅门路。

十干

甲：栋柱。

乙：梁柱福棂车门卧榻。

丙：香火堂。

丁：屈灶。

戊：墙院厂房。

己：住居天井房屋。

庚：过道屋脊炉堂。

辛：围积户牖釜甑。

壬：小路门扇井。

癸：厕后门路。

九星

蓬：房屋亭院神中男妇女。

任：少男道士道路。

冲：长男经户产牖棺。

辅：长女僧尼鼎筐。

英：中女堂室。

芮：老脊道路井院。

禽：母姨堂室。

柱：少女门户父叔厕阁。

心：墙。

九宫

一：得令秀正委曲，失令高低参差。

二：得令幅圆宽广。

三：得令高低中院，大破低路。

四：节申子辰，气申巳酉丑。

五：节居四维土，气居四库土。

六：节寅午戌近罔治，气亥卯未近桥梁。

七：得令四齐院密，失令缺齐凹破败。

八：失令倾颓凸凹。

九：得令曲直新鲜，失令折。

门户

朱白忌登天门，勾玄忌居地户，门户合阳星，旺相者，宅宇轩昂，门户合阴星休囚者低矮。

三甲

孟甲前门路，开旺光明，阖囚歪破；仲甲中门堂，阳开整齐，阴开破漏；季甲后门墙，开旺壁光新，阖破损坏。

论十干

日干为人时干宅，人宅相生多利益，人若克宅庶可居，宅若伤人住不得。纳音生克与刑冲，较取年命定祸福，直符从中作生授，福神到堂喜安逸。

论直符

占宅直符逢休废，人眷房屋疑衰替。飞宫上下两无伤，前后新旧皆遂意。

论直使

直使得来悖迫，克仪落宅及反伏。水木漂流火金劳，土值刑伤灾疫逐。金水刑闪露风声，木火猖狂防回禄。开杜生死若失宜，算来门向须改革。

论十干

三奇六仪所临窗，逢生乘叶必兴隆，刑墓空亡，悖格害，休咎其间断来踪。

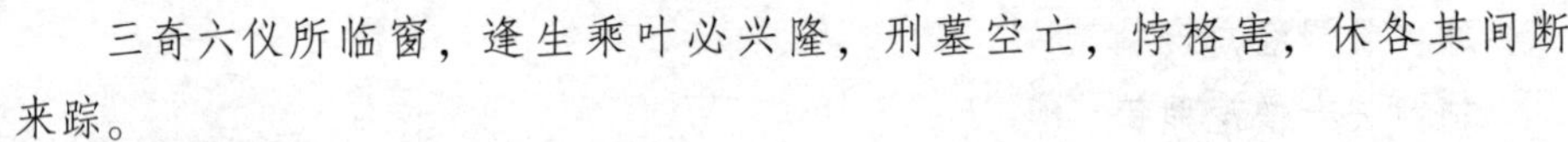

论九星

九星五行，占六亲，得旺无伤喜庆新，反伏二吟刑囚星，宅眷灾追当新寻。

论九宫

九宫起元论风水，乘旺临生为福秘，假令飞符入鬼乡，从旁休咎因类取。

论吉凶格

虎入门兮离散，雀带刑兮吏追，勾刑门兮宅祸，虎害干兮人追，蛇附蓬星值战，小口惊痫忧疑，武会任宿当权匪人邪祟作孽，六合天柱子女怨尤，太阴英景宠婢窃位，九地庚辛为伏刃，若遇惊伤带刑害而暗中有损，九天丙丁为飞牒，若乘甲乙逢克战而光棍，须防朱雀再附丙丁喧争聒耳，玄武更乘壬癸宵小跳梁，庚辛白虎得地而势凶愈张，戊己勾陈刑冲破败立见，烧尾之虎先凶后吉，入土之蛇蛰后须防。

又论吉凶格

返首宅宇轩昂跌穴，雕梁画栋藏风聚气，遁格里添详拱护有情，诈局中理会得使而堂构森严，守门而家居清吉五假抽添偏宜三胜修造获吉，加辛而房廊有损，辛加乙而虎首房强，癸加丁而厨厕不利，丁加癸而魅祟为殃，伏干入宅欠顺飞干墓址招殃，伏宫招人妒害，飞宫祸起萧墙，大格小格冲射不利，刑格悖格宅眷不昌，荧入白兮防怪异荧入白兮慎火光，五不遇兮人有损，罗网张兮有乖张，六仪击刑凶灾灾伏，三奇入墓暗幽房。天马空陷无出路，反伏门迫总非洋，吉凶格见防其类，检点六辛何者当。

白话译释

直符

直将：代表东北方。

螣蛇：代表小婢女惊癫。

太阴：代表女婢。

六合：代表子女，弟兄，亲友。

勾陈（含白虎）：代表奴婢，道路。

朱雀（含玄武）：代表光棍，口舌是非，盗贼，小人。

几天：代表明堂。

九地：代表暗室。

直使

休门：代表坎宅即坐北之宅门路。

生门：代表艮宅即坐东北之宅门路。

伤门：代表震宅即坐东之宅门路。

杜门：代表巽宅即坐东南之宅门路。

景门：代表离宅即坐北之宅门路。

死门：代表坤宅即坐西南之宅门路。

惊门：代表兑宅即坐西之宅门路。

开门：代表乾宅即坐西北之宅门路。

十干

甲干：代表栋柱。

乙干：代表梁柱，窗户，东门，床。

丙干：代表香火堂。

丁干：代表烟囱，炉灶。

戊干：代表墙院，场房。

己干：代表住居，天井，房屋。

庚干：代表过道，屋脊，炉堂。

辛干：代表粮仓，门窗，锅，盆。

壬干：代表小路，门扇，水井。

癸干：代表厕所后的门路。

九星

天蓬星：代表房屋，亭子，院神，中男，妇女。

天任星：代表少男，道士，道路。

天冲星：代表长男，经纪人，门窗，棺木。

天辅星：代表长女，和尚，尼姑，鼎，筐。

天英星：代表中女，堂屋。

天芮星：代表老年眷属，道路，水井，院子。

天禽星：代表姨母，堂室。

天柱星：代表少女，门户，叔父，厕所。

天心星：代表墙。

九宫

坎一宫：得令秀雅方正，委曲有致；尖令高低不一。

坤二宫：得令幅圆宽广，即宅院宽大。

震三宫：得令高低中院，大破低路。

巽四宫：节中子辰，气巳酉丑。

中五宫：节居四维土，气居四库土。

乾六宫：节寅午戌，近罔治；气亥卯未，近桥梁。

兑七宫：得令四齐密院，失令缺凹残破。

艮八宫：失令倾颓凸凹。

离九宫：得令曲直新鲜，失令折中。

门户

朱雀、白虎二神忌登大二门，勾陈、玄武二神忌居地四户。天三门与地四户跟阳星相合居旺相之地者，宅宇高大；天三门与地四户跟阴星相合居休囚之地者，宅宇低矮。

三甲

孟甲为前门的道路，值开旺则光明，值阖囚则歪破；仲甲为中门堂值阳开则整齐，值阴开则破漏；季甲为后门墙，值开旺则壁光新。值阖则破败损坏。

论干支

日干为人，时干为宅，人若与宅相生则多利益，人若克宅不可以居住，宅若伤人则住不得。纳音生克与刑冲？应当依据。年宫命宫的情形定祸福：如果直符从中与之相生，福分到家，日子安逸。

论直符

占宅时，直符如果逢休废之地，家眷房屋都衰败。

飞宫如果上下都无刑伤。宅宇尽管前新后旧，但住起来都称心如意。

论直使

直使拍见悖格和门迫，和克六仪及反吟、伏吟。

见水、水漂流不成宅，见火、金空劳碌；土被刑伤会生火祸、瘟疫。

金、水遇刑囚多艰辛，木、火猖狂应防回禄。

开门、杜门、生门、死门如果火位，院门的方向应改变。

论十干

三奇、六仪所加临的宫位，逢土地并上乘旺地，象宅必然兴隆；如果入刑墓空亡之地并遭悖格的侵害，就在休与咎即占与凶之间进行推断。

论九星

通过九星、五行和六亲占测家宅，只要得旺又不受刑伤必有喜庆之事；反吟和伏吟刑囚九星，家眷有灾须另寻新欢。

论九宫

从九宫推起论风水，上乘旺地并临生官必有福分；如果飞符格进人鬼乡，应从旁边官位的休咎进行类推。

论吉凶格

白虎入门，家庭离散。

朱雀带刑，要吃官司。

勾陈刑门，家人患病。

白虎害天干，被人追迫。

螣蛇附天蓬星，遇到战乱，小儿惊颠忧疑。

玄武会天冲星，官员为害，邪恶作孽。

六合会天柱星，子女结怨。

太阴会天英星，景门，受宠的婢女窃取妻位。

九地人庚位，芒位为伏刃，如果遇惊门、伤门带刑害。暗中受损。

九天人丙位，丁位为飞牒，如果乘甲干、乙干逢克战。必是光棍。

朱雀再附丙，丁，须防喧争聒耳。

玄武又乘壬，癸，须防小人陷害。

加临庚，辛白虎得地，势凶愈张。

加临戊、己勾陈刑冲，破败立见。

烧尾之白虎，先凶后吉。

入土之螣蛇，潜伏之后也须加以提防。

疾病占

直符

直：阳症。

蛇：惊恐，夜梦，遗精。

阴：肺痨，骨虚。

六：风麻。

勾玄：翻胃呕吐，伤亡道路。

朱白：颠邪崩泻。

地：阴症。

天：落魄。

直使

休：泻痢伤寒。

生：痈毒伤目。

伤：拘弯风寒。

杜：壅寒喉齿胃风。

景：伤食，疽疗。

死：蛊块。

惊：病瘵。

开：肺痈，喉舌。

十干

甲：头面、肝。

乙：肩、背、胆。

丙：额、鼻、心、筋。

丁：齿、舌、小肠。

戊：脾。

己：胃。

庚：肺、筋。

辛：胸。

壬：肾。

癸：脏。

九星

蓬：水祟为灾。

任：冷庙鬼作祟。

冲：吊柱产故，索命，树怪，时疫。

辅：天种旧愿未遂，东岳查判。

英：灶司不安。

芮：家先作祟。

禽：城隍社神降福。

柱：井墓为穴。

心：天神斗府降灾。

九宫

一：血症，脉胳不利，宜开导。

二：脾胃病。

三：火症，心胸烦燥，宜温凉。

四：申子辰，巳酉丑。

五：四维土，气四库土。

六：寅午戌。气亥卯未。

七：劳症，筋骨不好，宜温补。

八：宜针灸。

九：风症，肌体不便，宜和解。

门户

发散责天门，消导责地户。门户遇刑击，其病在表里，有救而阳症易治。门户通刑陷，其病在里，有救而阴症易瘆。

三甲

孟甲主上焦之病，开呕吐，阖结郁。仲甲主中焦之病，开嘈噎，阖隔闷。季甲主下焦之病，开痔漏，阖痔闭。开忌刑，阖忌冲，阳开在表，阴阖在里。

干支

日干为人时干病，纳子之藏医药症。

人克病兮可云瘥，病克人兮忧险应。

医能克病始可投，如若伤人未可用。

遥制符使是名医，生合符使药蹭蹬。

惟喜日旺时休囚，五行检点多病症。

论直符

直符占病所由来，刑伤克制考病胎。

阴六遥伤情欲病，勾地刑符滞未开。

朱蛇制符因门恼，白天却是恐惊灾。

符入空乡灾不实，胎没死废着意裁。

论直使

直使占病之瘥剧，三五占凶论门义。

吉值休囚主缠绵，凶更旺相堪畏惧。

最忌墓命与刑年，时中详占进退气。

凶退可痊吉进瘥，门户生吉始无虑。

论十干

十干论病在何处，肝胆脾胃心肾注。

参详奇仪刑与击，上下加临识病处。

木克土兮脾胃伤，火克金兮肺家替。

金来克木筋脉变，水克火兮心肾废。

年命日时细参详，生旺休囚知灾竖。

论九星

九星从未知祸福，吉凶星宿从所属。

旺吉星临灾无虞，死凶星照防哀哭。

吉逢生兮凶不刑，任尔祈祷灾不赎。

论九宫

九宫病源与医药，水宜疏通木忌削。

金宜温补火怕关，上乃五行之归橐。

此行旺动比刑伤，变理中和医的确。

详观节气察虚实，病识真兮药不错。

论门户

门伤发表抑何疑，户伤治里墓稽迟。

门户俱伤表里治，阴阳先后判因依。

论三甲

三甲开阖论三焦，泥丸尾闾夹脊交。

开若伤兮休克伐，阖遇刑囚忌补调。

论吉凶格

返首跌穴，吉课成凶，须得年命无伤，始云叶吉。虎狂龙走凶中有吉，若再刑迫符使便作的推。地遁临命，已作黄泉正客，鬼假当权，定知冥府追呼。鬼遁人遁，似非吉兆，鬼假人假，非是休征。三诈病有反复，遁假贵辨阴阳。祷使而制鬼为利，守门而旧病不祥。三门四户最忌刑墓，年命那堪丧吊重逢。天马私门岂宜击迫，符使更嫌空亡刑陷。夭矫鬼怪近，投江魂魄扬。伏干飞干，医不明而药味反症；飞宫伏宫，人不安而宅舍惊惶。大格小格，胸隔便道不利；刑格悖格，肢体脉胳相妨。荧入白兮病转添，白入荧兮灾自退。年月门时逢悖格，新旧灾疫可参详。五不遇兮将逝，六仪刑兮有伤。入墓罗网缠绵灾异；反伏门迫，迭罹凶殃。金为尸兮木为棺，尸入木兮宁得安。庚辛苦来刑甲乙，飞入中宫哭声喧。

白话译释

直符

直符：代表阳症。

螣蛇：代表惊恐，夜梦，遗精。

太阴：代表肺病，骨虚。

六合：代表麻疯病。

勾陈（含玄武）：代表翻亡呕吐，伤或死于路途之上。

朱雀（含白虎）：颠狂，崩泻。

九地：代表阴症。

九天：代表丧魂落魄。

直使

休门：代表泻痢伤寒。

生门：代表痈毒伤目。

伤门：代表抽搐风寒。

杜门：代表壅寒喉齿胃风。

景门：代表伤食，疽疗。

死门：代表蛊块。

惊门：代表痨病。

开门：代表肺病，喉舌。

十干

甲干：代表头面，肝。

乙干：代表肩，背，胆。

丙干：代表额头，鼻子，心，筋。

丁干：代表牙齿，舌头，小肠。

戊干：代表脾脏。

己干：代表胃。

庚干：代表肺，筋。

辛干：代表胸。

壬干：代表肾。

癸干：代表脏器。

九星

天蓬星：水怪为灾。

天任星：冷庙鬼作怪。

天冲星：吊柱产故，索命，树怪，流行病。

天辅星：向天神许下的旧愿未还，东岳神前来查判。

天英星：灶爷不安。

天芮星：家先即死去的前辈作怪。

天禽星：城隍爷降福。

天柱星：井墓为穴。

天心星：天神斗府降灾。

九宫

坎一宫：血症，脉胳不利，宜于开导。

坤二宫：脾、胃病。

震三宫：火症心胸烦躁，宜于温凉。

巽四宫：节申子辰，气巳酉丑。

中五宫：节四维土，气四库土。

乾六宫：节寅午戌，气亥卯未。

兑七宫：劳症，筋骨不好，宜于温补。

艮八宫：宜于针灸。

离九宫：风症，肌体不灵便，宜于和解。

门户

发散治疗看天门，消导治疗看地户；天三门、地四户遇刑去，其病在表，有救，而阳症容易治疗；天三门、地四户遇刑陷，其病在里，有救，而阴症容易痊愈。

三甲

孟甲主上焦之病，值井则呕吐，值阖则结郁。

仲甲主中焦之病，值开则嘈咽，值阖则隔闷。

季甲主下焦之病，值开则痔漏，值阖则痔闭。

值开忌刑，值阖忌冲；阳开病在表，阴阖病在里。

论十干

日干代表病人，时干代表疾病，纳音天干代表医生、诊断、治疗。

如果人克病，病可痊愈。

如果病克人，病情凶险令人忧虑。

如果医克病，可以前往就诊。

如果医伤人，不可前去就诊。

在远宫制直符和直使，是名医。

如果与直符、直使相生相合，药无效力。

日干支喜旺、时干支喜休囚，应当用五行生克关系会诊治疾病。

论直符

通过直符占断疾病，应当审视刑伤克制关系。

太阳、六合遥伤直符，将要生病。

勾陈、九地刑伤直符，疾病久治不愈。

朱雀、螣蛇制宜符，因家宅忧烦。

白虎、九天制直符，必惊恐之灾。

直符人空乡，并无实际灾殃，究竟有无灾祸要根据胎没死废进行判断。

论直使

通过直使占断疾病的情况，要根据三吉门和五凶门进行具体分析。

吉门遇到休囚之地，病情缠绵久久不愈。

五凶门入旺相之地则病情可畏。

最忌命宫入墓，年官受刑，要在时干支中仔细推算吉门凶门的进退情况。

如果凶门退，则病可痊愈；吉门进则病会加重；只有天三门、地四户生出吉祥才可以无虑。

论十干

通过十干占疾病，主要是着肝、胆、脾、胃、心、肾等部位的病。

要看三奇击刑和六仪击刑，其上下加，临之处便是患病的部位。

如果出现木克土，是脾和胃有病；而火克金，则是肺部有病。

如果出现金克木，是筋脉发生病变；水克火，则是心和肾患了重病。

占病时，还要看年命日时，和生旺休囚等情况。

论九星

九星从来都可以占测祸福。见吉星则吉，见凶星则凶。

吉星逢旺加临则无灾殃，凶星逢死加临则有凶祸。

如果吉星逢生的星不受刑伤，无论如何也难以消灾。

论九宫

通过九宫可以占出病源和治法，水宜用疏导之法，木不能疏导。

金宜温补火要泄，土是五行的根本。

木无论处旺动比刑伤，都应加以中和。

还应仔细观察节气的变化和虚实的情况，这样才能准确诊断、下药。

论门户

天三门，遭刑伤，应治表病；地四户遇刑伤，应治里症。

天三门、地四户都伤，要表里兼治，并根据阴阳区别先后。

论三甲

三甲值开值阖论三焦，泥丸尾闾夹背交。

三甲值开遇伤忌泄，三甲值阖遇刑忌补。

论吉凶格

青龙反首、飞鸟跌穴，吉课反而成凶，只有得年宫和命宫无伤，才可以说吉。

白虎猖狂、青龙逃走，凶中有吉，但如果刑格迫直将、直使，则以凶推。

地遁临命宫，其人必死。

鬼遁和五假当权，其病凶险。

鬼遁人遁，不是吉兆。

鬼假人假，不是好的征兆。

三诈，病情将有反复。

遁假，应当辨明是阴症还是阳症。

三奇得使而制鬼遁，对疾病有利。

玉女守门，旧病不会治愈。

天三门、地四户，最忌见刑人墓，年干哪堪币丧重逢。

天马私门，不可见击迫，直符直使更不可人空亡刑陷。

螣蛇夭娇，会见鬼怪。

朱雀投江，必定死亡。

伏干飞干，诊断不明而药不对症。

飞宫伏宫，病人不安而家人惊恐。

大格小格，胸闷而大小便不通畅。

刑格悖格，肢体脉络相互伤害。

荧入太白，病情将会加重。

太白入荧，病会自动好转。

年月日时逢悖格，新病、旧病都可诊治。

五不遇时，病将消退。

六仪击刑，病将伤人。

入墓罗网，疾病不断。

反伏门迫，屡遭凶殃。

金代表尸体，木代表棺材，尸入木得安宁；庚辛如果来刑甲乙，飞入中五宫必定死亡。

直符

符：胎，孕母。

蛇：漏胎。

阴：稳婆。

合：男女。

勾白：产门术催产神。

朱玄：胎衣恶浊。

地：胎神。

天：产神。

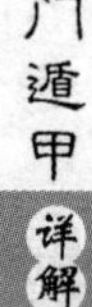

直使

休：胎产稳迟，主男。

生：胎产利，主男。

伤：产母有惊，主男。

杜：防空产，主女。

景：胎安产速，主女。

死：子母不利。主生女。

惊：有损折之忧，主女。

开：利产，忌胎，主生男。

十干

甲：胎于酉，养于戌，生于亥，死于午。

乙：胎申，养未，生午，死亥。

丙：胎未，养丑，生寅，死酉。

丁：胎亥，养戌，生酉，死寅。

戊：胎子，养丑，生寅，死酉。

己：胎亥，养戌，生酉，死寅。

庚：胎卯，养辰，生巳，死子。

辛：胎寅，养丑，生子，死巳。

壬：胎午，养未，生申，死卯。

癸：胎于巳，养于辰，生于卯，死于申。

九星

蓬：水旺气。

任：土旺气。

冲：木旺气。

辅：木旺气。

英：火旺气。

芮：土旺气。

禽：土旺气。

柱：金旺气。

心：金旺气。

九宫

一：本局日时及甲未日寅时主生男。

二：四维土阳主男。

三：本局日时或辛寅日时主生男。

四：节申子辰，气巳酉丑，反此有坎坷刑害。

五：节申子辰，气巳酉丑，主双生。

六：节寅午戌，男防虚惊，气亥卯未，女怕休囚。

七：本局日时及辰巳日亥时，土生女。

八：四库土阴，主女。

九：本局日时生，或酉日卯时，亥日巳时主生女。

门户

地户无刑胎必稳，天门吉马产无虞。门户合阳星生男，阴星主女。

三甲

孟甲胎稳产迟疑，开男阖女断因依。

仲甲胎悬孕将产，开阖小产刑冲机。

季甲胎虚即产子，开合虎马定时期。

孟利初胎，仲利次胎，季利三胎，看年命落何甲下。

论十干

日干为母时干子，纳音之中辨男女。

顺生利产逆生时，化合胎刑奇耦取。

旺相休囚与孤虚，课元用神飞伏旨。

大象无疵是吉征，化父化鬼化危体。

行年本命纳音详，天喜生气方为举。

论直符

产母直符子六合，刑囚旺相吉凶诀。

蛇白催六是生期，地阴合六当出月。

推求时日两不伤，子母团圆不须说。

专责符元起何亲，轮飞之宫可生合。

吉凶男女细参详，阴阳奇耦宫仪拨。

论直使

直使推详罴与熊，门吉阳宫产豹龙。

阳门阴宫瑶池女，刑格空亡最忌逢。

宫制门兮多不育，门制宫兮署有惊。

若卜胎产全吉利，宫马生旺天马腾。

论十干

仪主母兮奇主男，生合刑囚逐类看。

胎养生死详时日，起无飞加上下探。

论九星

九星阴阳判胎孕，旺相休闪时日论。

胎逢死废孤与虚，起飞宫次五行门。

入墓逢生辨速迟，当令孕实产将近。

就中刑体可参详，入鬼入财与入印。

化空逢生产物客，化死坐墓产忧门。

论九宫

九宫起元分节气，节气分时犹阻滞。

胎临马兮当转移，长生得马产育易。

金火逢空将临盆，水木逢空拟不济。

废土空陷必堕胎，酌取年命断来意。

论门户三甲

占断胎产有妙决，门户阴阳甲开合。

阳开门产尽亨通，阴阖胎安不须忌。

论吉凶格

返首偏宜问孕，跌穴占产为祥。白虎猖狂，产母似有惊险；青龙逃走，孕子恐有惊惶。遁格虽多吉利，其中尚有微疵；诈假本非凶格，胎产各有疑忌。三奇得使，究仪神之阴阳，可辩弄璋弄瓦；玉女守门，考宫次之生墓，遂知男吉女良。蛇夭矫而孕非祯祥也，遂虞稳婆作弊，雀投江而子之长年又兼小产须防。伏干飞干，产母未免啾唧；飞宫伏宫，婴儿必定难当。大格小格，子母鲜获全济；刑格悖格，胎前产后不昌。岁月格而胎重如山，时日格而坐草傍徨。太白入荧，胎产应分迟速，而吉凶逐富推算；反吟伏吟，胎产贵辨星门，而反伏二项分详。星韬而胎不实．门反而临产乖张。若是星门皆反，虽然产速有妨。不遇兮灾异，击刑兮凶殃。入墓罗网产不利，男女年命不可忘。

白话译释

直符

直符：代表胎儿孕妇。

螣蛇：代表早产胎儿。

太阴：代表接生婆。

六合：代表男婴，女婴。

勾陈（含白虎）：代表羊水，催产神。

朱雀（含玄武）：代表胎盘，血污。

九地：代表胎神。

九天：代表产神。

直使

休门：胎产稳而迟，主生男孩。

生门：胎产快，主生男孩。

伤门：产妇受惊，主生男孩。

杜门：防备空产，主生女孩。

景门：胎儿平安，出生快，主生女孩。

死门：对小孩、母亲都不利，主生女孩。

惊门：有损折之忧，主生女孩。

开门：出生快，主生男孩。

十干

甲干：胎安于酉宫，养于戌宫，生于亥宫，死于午宫。

乙干：胎安于申宫，养于未宫，生于午宫，死于亥宫。

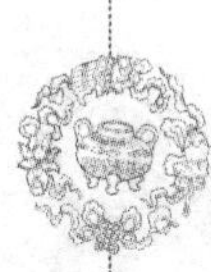

丙干：胎安于未宫，养于丑宫，生于寅宫，死于酉宫。

丁干：胎安于亥宫，养于戌宫；生于酉宫，死于寅宫。

戊干：胎安于子宫，养于丑官，生于寅宫，死于酉宫。

己干：胎安于亥宫，养于戌宫，生于酉宫，死于寅宫。

庚干：胎安于卯宫，养于辰宫，生于巳宫；死于子宫。

辛干：胎安于寅宫，养于丑宫，生于子宫，死于巳宫。

壬干：胎安于午宫，养于未宫，生于申宫，死于卯宫。

癸干：胎安于巳宫，养于辰宫，生于卯宫，死于申宫。

九星

天蓬星：水旺于气。

天任星：土旺于气。

天冲星：木旺于气。

天辅星：木旺于气。

天英星：火旺于气。

天芮星：土旺于气。

天禽星：土旺于气。

天柱星：金旺于气。

天心星：金旺于气。

九宫

坎一宫：本局日时，及甲未日寅时，主生男。

坤二宫：四维土，阳，主生男。

震三宫：本局日时，或辛寅日，主生男。

巽四宫：节申子辰，气巳酉丑，反此则有坎坷刑害。

中五宫：节申子辰，气巳酉丑，主双生。

乾六宫：节寅午戌，男防虚惊，气亥卯未，女怕休囚。

兑七宫：本局日时，及辰巳日亥时，主生女。

艮八宫：四库土，阴，主生女。

离九宫：本局日时生，或酉日卯时，亥日巳时，主生女。

门户

地四户无刑伤，胎必安稳，天三门驿马吉，生产时无灾祸；天三门，地四户以阳星相合，主生男，与阴星相合，主生女。

三甲

孟甲胎稳，而生得较迟，值开生男，值阖生女。

仲甲胎悬，将要生产，无论值开值阖，一见刑冲就会小产。

季甲胎虚，就会生产，位开值阂都要可定产期。

孟甲对头胎有利，仲甲对一二胎有利，季甲对三胎有利。占断时要着落在哪一个天干上。

论干支

日干为母，时干为子，在纳音之中分辨生男还是生女。

顺生利产，逆生则不利，要根据胎刑化合的奇偶进行占断。旺相休囚孤虚，课元用神飞宫伏宫。

只要大象没毛病就是吉祥之兆，而化父化鬼则是忧危之兆。

还要仔细推算行年本命纳音，天喜生气才吉利。

论直符

直符为产母，六合为婴儿，根据刑囚旺相作出论断。螣蛇、白虎催六合是生孩儿的日子，九地、太阴与六合相合是出生的月份。只要时干和日干两不相伤，可保母子团圆。专看符毛起六亲中的那一亲，在轮飞之宫可以相生相合：吉凶男女要根据阴阳奇偶，在宫仪中拨出来。

论直使

通过直使可以推算出生男生女。

吉门阳宫必生男孩。

阳门阴宫必生女孩，但忌逢刑格和入空亡。

宫制门，多不生育；门制宫，则有惊险。

如果宫马天旺天马飞腾，怀胎生产都吉利。

论十干

六仪为母，三奇为子，按生合刑囚逐类推算。要了解“胎、养、生、死”状态与具体时间关系，需综合天盘、地盘进行上下参详。

论九星

九星的阴阳可以判断怀孕的情形，推算时要按旺相休囚时日而论。

胎逢死废与孤虚之地，起飞宫次着五行。

入墓或逢生能辨出生产的快与慢，当令孕已坐实或产期临近。

里边的刑伤情况可以推算。看看是入官鬼还是入妻财、子孙。

化空逢生，生产时顺利，化死入墓，生产时危险。

论九宫

九宫起元分节气，节气分出的时候还有些阻碍。

胎临驿马应当转移，而长生得驿马则生产较容易。

金、火逢空将要临产，水木逢空则不顺利。

废土空陷必堕胎，这需要根据年官命宫作出判断。

论门户三甲

占断胎户有妙决，主要是看天三门、地四户的阴阳开阖。

值阳开生孩子都会顺利，位阴阖则有利于胎儿的发育成长。

论吉凶格

青龙返首，宜于占问怀孕。

飞鸟跌穴，占问生产很吉祥。

白虎猖狂，生产时母亲有惊险。

青龙逃走，胎儿有惊惶。

九遁格，虽然多有吉利，但其中还小有凶险。

诈假格，虽然本不是凶格，但怀胎和生产却有疑忌。

三奇得使，分辨六仪的阴阳，可以断定生男还是生女。

玉女守门，考察宫位的遇生或入墓，可以知道生男生女都吉祥。

螣蛇夭娇，怀孕不吉祥，因为接生婆从中捣鬼。

朱雀投江，生育很晚，生产时应当防备小产。

伏干飞干，产妇有忧。

飞宫、伏宫，婴儿有难。

大格小格，母子双方很少能都得到保全。

刑格悖格，胎前产后都不吉昌。

岁格月格，胎儿肥胖。

日格时格，出生后就遭遇苦难。

太白入荧，生产有快有迟，而吉凶应逐宫进行推算。

反吟、伏吟，应看九星火门，分反吟、伏吟两项进行推断。

星韬，胎坐得不稳。

门反，临产不顺利。

如果是星门都反，即使生产很迅速也有困难。

五不遇时，有灾难。六仪击刑，凶祸殃。

入墓罗网，生产不顺利，推断时男女年宫命宫都不可忘记。

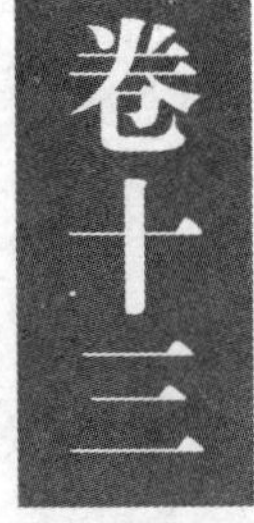

卷十三

婚姻占

直符

符：婚主。

蛇：唆使。

阴：女妁男饰。

合：婿媒礼物。

勾白：阻挠刑克。

朱玄：口舌奸诈，欺瞒说合。

地：蓬滞女室，远涉。

天：欢悦轩昂男家。

直使

休：中男，迟滞。

生：少男年齿不等。

伤：长男，男家更变。

杜：长女，发稀，女家失约。

景：中女，虚诈。

死：母姑婆嚣。

惊：少女，残疾。

开：父老，妆奁。

十干

甲：男家长。

乙：媒约秀媚。

丙：媒躁急。

丁：媒使柔顺。

戊：礼仪。

己：女敦厚。

庚：好谗刑门。

辛：媒红白。

壬：媒妒姑长女。

癸：婚期婆。

九星

蓬：黑矮暗疾。

任：李僻丑貌。

冲：雄声长瘦。

辅：富厚才貌英俊紫赤细麻大声。

芮：斑点黄黑腰大。

禽：端正。

柱：清瘦须厉声突。

心：平丽有为。

九宫

一、得令幽闲贞静，失令荡佚风尘。

二、得令敦厚。

三、得令仪态丰采，失令疤痣淫佚。

四、节申子辰缁黑聪明，气巳酉丑黄润刚决。

五、节四维土，气四库土。

六、节寅午戌麻赤，气亥卯未清俊。

七、得令名门大家，失令刑克孤寡。

八、失令跨跛。

九、得令秀长，失令飘逸夭折残疾。

门户

男家贵天门，女家贵地户。门值直符、九天、六合；产值太阴、九地女盛男昌。

三甲

孟甲宜长男长女占，利于初婚。

仲甲宜中男中女占。

季甲宜少男少女占，利于再醮。

阳开无刑，男家富丽。阳阖无刑，女家壮丽。

论干支

日干为男时干女，纳音生克从中取。
时日生合两和谐，化从变体有无理。
化父化鬼事难成，化子化财婚可许。
金水相伤贵时令，水火克济上下举。
大约休克事无妨，旺刑冲制非为美。
考取年命及类神，害门体劣辨大体。

论直符

男婚女嫁贵阴合，生旺相资登姻牍。
螣蛇朱雀是媒婆，勾陈白虎破婚局。
地迟天速玄诈虚，直符婚娶大机轴。

论直使

直使从来考破成，方位老少亦同征。
会占无克诚为吉，休囚空陷枉劳心。

论十干

三奇六仪判阴阳，男女情形别样妆。
奇不墓兮仪不系，正合分会逐日详。

论九星

九星分类识性情，亦如身命考原因。
已过将采论时令，贫富贵贱透玄机。

论九宫

起元水局多淫荡，得吉无刑真端相。
只嫌背时与孤虚，勉强成亲坎坷状。
起元火局疑虚诈，得吉男才女貌华。
若是背时与刑墓，婚娶不久而生疤。
起元木局主和柔，清秀淑女君子流。
若值刑墓囚空废，暗疾残伤不自由。
起元金局两和谐，得令无冲屏雀开。
削犯刑冲空废墓，痴傻黑肥都带来。

论门户

门户吉泰两相当，门凶户吉男不昌。

户凶门吉女不利，门户皆凶男女伤。

论三甲

孟甲逢门婚正宜，仲甲相依亦共推。

最怕囚兼刑克闉，休废男女皆趔趄。

论吉凶格

返首乘龙之婿，跌大百两之娘。虎狂龙走，男女相伤；天遁人遁，齐眉孟光。三诈五假，过舍填房。得使而写妆耀目，守户而女掌男纲。蛇夭而妇女激聒，投江而媒妁不良。伏干飞干，多应刚悍；伏宫飞宫，彼此狼当。大格小格，鳏寡孤独，刑格悖格，男女暴强。岁月格而公姑不利。时日格而夫妻不长。

入荧入白，各怀私意。不遇兮有变，击刑兮性狂。入墓罗网定受屈，反伏门迫恐相映。男女年命乘生合，白发儿孙满画堂。

白话译释

直符

直符：代表婚主。

螣蛇：代表唆使。

太阴：代表女妁男饰。

六合：代表婿媒礼物。

勾陈（含白虎）：代表阻挠刑克。

朱雀（含玄武）：代表口舌奸诈，欺瞒说合。

九地：女家不顺利，远走。

九天：男家欢悦高兴。

直使

休门：代表中年男子，迟滞。

生门：代表不同年龄的少年男子。

伤门：代表长年男子，男家变更。

杜门：代表长年女子，头发稀少，女家失约。

景门：代表中年女子，虚诈。

死门：代表公婆凶恶。

惊门：代表少年女子。

开门：代表父老，妆奁。

十干

甲干：代表男家长。

乙干：代表媒妁秀媚。

丙干：代表媒人急躁。

丁干：代表媒人柔顺。

戊干：代表礼仪。

己干：代表女方敦厚。

庚干：代表奸谗刑门。

辛干：代表媒红白。

壬干：代表谋妁姑长。

癸干：代表婚期婆。

九星

天蓬星：代表黑矮，暗疾。

天任星：代表孪生，丑貌。

天冲星：代表雄声，长瘦。

天辅星：代表富厚，才貌英俊，紫赤，细麻，大声。

天芮星：代表斑点，黄黑，腰粗。

天禽星：代表端正。

天柱星：代表清瘦，胡须粗硬，声音响亮。

天心星：代表平丽，有为。

九宫

坎一宫：得令幽闭贞静，失令荡佚淫乱。

坤二宫：得失敦厚。

震三宫：得令仪态丰采，失令疤痣淫佚。

巽四宫：节申子辰，黝黑聪明；气巳酉丑，黄润刚决。

中五宫：节四维地，气四库土。

乾六宫：节寅午戌，麻赤；气亥卯未，清俊。

兑七宫：得令名门大家，失令刑克孤寡。

艮八宫：失令矮跛。

离九宫：得令秀长，失令飘逸，夭折，残疾。

门户

男家看天三门，女家看地四户。天三门值直持、九天、六合，男昌盛；地四户值太阴、九地，女方昌盛。

三甲

孟甲宜于长男长女占测，利于初婚。

仲甲宜于中男中女占测。

季甲宜于少男少女占测，利于再嫁。

值阳开无刑伤，男家富丽；值阳阖无刑伤，女家壮丽。

论干支

日干为男，时干为女，还要从纳音生克中推算。

日子时干相生相合，男女和谐，从化从变体中推算有理无理。

化父化鬼婚事难成，从子化财婚姻可许配。

金与水相伤贵时令，水与火相克相济事可成。

一般来说相休相克婚事不会有什么妨碍，但旺刑冲制婚事难成。

还应考察年宫命及类神，而从害门的优劣辨大体。

论直符

占测男婚女嫁贵阴合，相生相旺相资婚姻可成。

螣蛇、朱雀是媒婆，勾陈、白虎会破坏婚姻。

九地迟缓、九天迅速玄妙诈虚，直符是占测婚姻的关键。

论直使

直使从来都是用来考察婚姻的成败，无论老少都取此方位。

如果占测无克为吉，但休囚空陷婚事不成。

论十干

三奇六仪用来占测判断阴阳，男女情形不一样。

三奇不入墓，六仪不击刑，逐日推正合旁合。

论九星

九星分类识别性情，跟身宫命宫的原因是一样的。

论时令判出过去和将来，里边透出贫富贵贱的玄妙。

论九宫

起源于水局多淫荡，得吉丈无刑伤相貌端直。

只嫌弃背时与孤虚，勉强成亲则婚姻坎坷。

起源火局多疑丈虚诈，得吉男有才女有貌，都风华正茂。

但如果背时与刑墓，婚娶不久就产生矛盾。

起源木局双方性情柔和，女子是清秀淑女，男子是君子。

但如果遇到刑墓囚空废，会患暗疾遭残伤。

起源金局双方感情和谐，得令无冲婚姻美满。

但如果犯刑冲空废墓，生下的孩子不是傻就是痴，不是黑就是肥。

论门户

天三门、地四户吉泰，双方正相当，而门凶户吉，男方不昌。

户凶门吉对女方不利，门户都凶男女都会受伤害。

论三甲

孟甲逢门婚姻正适宜，仲甲按男女相依进行推断。

最怕的是囚、刑、克、阖、休、废，这几种情况对男女都不利。

论吉凶格

青龙返首，男方会成为乘龙佳婿。

飞鸟跌穴，女方会成为华贵娇娘。

白虎猖狂、青龙逃走，男女相伤。

天遁人遁，女子像孟光那样贤慧。

三诈门、五假格，只能给人当填房。

三奇得使，女家嫁妆华丽。

玉女守门，妻子当家。

螣蛇夭娇，妇女好吵吵嚷嚷。

朱雀投江，媒人居心不良。

伏干飞干，男女双方都刚烈凶悍。

飞宫伏宫，男女双方都品行不端。

大格小格，鳏寡孤独。

刑格悖格，男女暴强。

岁格月格，公婆不利。

日格时格，夫妻不良。

太白入荧、荧入太白，双方各怀私意。

五不遇时，婚姻有变。

六仪击刑，性情猖狂。

入墓罗网，女方定会受委屈。

反伏门迫，男方恐有灾殃。

如果男女年宫命宫上乘生合，会白头到老、儿孙满堂。

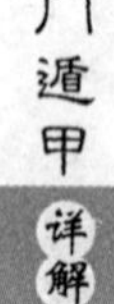

直符

符：茔圹龙神结聚，形势起伏，去向。

蛇：道路罗星，对岸上脉。

阴：穴顺起风，右仲昌弓。

合：向道植树，左占右弓。

勾白：护沙内势拱对，外势占沙。

朱玄：明堂，原长水，主凶乘龙。

地：穴窝脐跌歇之情。

天：向屏障照临之势。

直使

休：壬子癸黄泉在辰，忌戊辰日时。

生：丑艮寅黄泉在寅，忌丙寅日时。

伤：甲卯乙黄泉在申，忌庚申日时。

杜：辰巽巳黄泉在酉，忌辛酉日时。

景：丙午丁黄泉在亥，忌己亥日时。

死：未坤申黄泉在卯，忌乙卯日时。

惊：庚酉辛黄泉在巳。忌丁巳日时。

开：戌乾亥黄泉在午，忌丙午日时。

十干

甲：黄泉艮库在未，忌寅，水向忌亥流。

乙：黄泉巽库在戌，忌辰，水向忌丑流。

丙：黄泉巽库在戌，忌午，水向忌寅流。

丁：黄泉坤库在丑，忌未，水向忌寅流。

戊：居坎。

己：居离。

庚：黄泉坤库在丑，忌申，水向忌申流。

辛：黄泉乾库在辰，忌戌，水向忌辰流。

壬：黄泉乾库在辰，忌亥，水向忌巳流。

癸：黄泉艮库在未，忌丑，水向忌巳流。

九星

蓬：水形方尖。

任：土形曲尖。

冲：木形长斜。

辅：木形秀丽。

英：火形尖虚。

芮：土形偏侧。

禽：土形方正。

柱：金形仰缺。

心：金形门窝。

九宫

一：结穴水局。

二：四维土。

三：结穴木局。

四：节甲子辰，气巳酉丑。

五：节气结穴土局。

六：节寅午戌，气亥卯未。

七：结穴金局。

八：四库土。

九：结穴火局。

门户

迎向朝对着天门，拥护过峡看地户。门贵合天乙、天马、三吉门者吉。户贵合阴贡、九遁、五假者佳。

三甲

孟甲着左势（主龙），仲甲看中势（主穴），季甲看右势（主河水）。开忌列刑阖忌隔，内外开阖前后测，全开沙水没收拦，全阖不化欠利益。

论干支

日干为人时干地，纳音所藏山向寄。

两干生合可迁葬，地克人兮不惬意。

日纳山情时纳向，山向无伤堪茔圹。

其中有一犯刑伤，酌分改山与迁向。

山向未可克地元，时师点向无真传。

若克人死亡者害，劝君另议向山看。

化合中间定龙神，化旺须真假囚困。

化气纳音相生合，得此衣紫与腰金。

若再符使乘健旺，终始迪吉可安坟。

论直符

直符占地火势刑，木火金土水类情。
旺相休囚与孤虚，审时考宫可辨明。
太阴穴情九地穴，明堂路案考朱蛇。
向对屏障九天问，主山砂势玄白陈。
用神不犯刑孤格，得合生合可圹茔。

论直使

直使分占山与向，其中转折多情况。
休囚飞旺可立茔，旺飞休废莫交创。
好将飞伏两参详，彼此无伤宜山向。
所忌煞曜时日逢，端的其山有此伏。
更忌此使入此宫，宜速改迁方无恙。

论十干

十干查分所主间，莫教鬼克入关栏。
尤嫌坐临忌煞位，此地当年拟废间。
甲乙兴龙左脉威，制主须教林木芟。
庚辛眠卧无惊险，昂首冲空右脉残。
丙丁得令跳峰秀，一有瑕疵口舌关。
壬癸得元来脉厚，枯涩休囚后裔难。
戊己求檐胎息地，须要生煞入其间。
细查何干孤克缺，堪断其方缺废残。
子父财官区以别，富贵儿孙一局颁。

论九星

大概九星要纯粹，脱脱变鬼定衰替。
吉报吉星吉更多，凶助凶威凶主良。
只要本星生本茔，飞伏两宫顾主利。
欲查形势折换形，进退加临考星仪。
旺相休囚逐一详，便知其形成与废。

论九宫

九宫起元论山祖，元局不孤才可许。
若有一局坠旬空，化气不真非为美。
即令全局总无伤，再将本局细参取。

起从何宫飞何向，穿田过峡须寻迤。

更看归局历几辰，详考变胎可脱体。

倘得节次入生乡，此是仕城天付与。

上局得令左偏宜，中元依中下右取。

应从节次别元情，得令失令因时举。

论门户

门户休叫易得征，只看阴阳贵人星。

阳吉星临门发早，阴吉早临产后兴。

门吉户凶门渐替，户吉门凶先拂情。

若见门户全凶吉，终始如类说前程。

论三甲

三甲区分左右中，龙穴砂水定其踪。

开合就里有微妙，用神得地是仙宫。

论吉凶格

返首兮回龙顾祖，跌穴兮蛇入龙窝。虎狞兮须推右水反跳，龙走兮只怕左脉奔腾。遁格各有取用，地遁得之喜非常；假格各有区别，鬼假逢之大吉利。三诈之格，圹当论深浅；三胜之宫，临山城为妙地。得使而气脉远布，守门而拱护森严。天门四户切莫刑伤直使与时元日元，天马私门要值六合九天与直符直使。蛇天智利而穴情不实，须防道路穿伤；朱雀投江而案山低卸，还疑元神直流。伏干飞干，此地必有更变，犹恐后日作边场；飞宫伏宫，此地必见凶咎，待看蚁屯与风透。大格小格，水不朝而反射；刑格悖格，砂石合而日伤。荧入白兮丑声官非造出，白入荧兮尸靡棺烂遭殃。年月日时皆带刑煞，反伏门迫。山向那得祯祥，符使休囚，纵葬而不发。时日刑害，虽用而丧亡。两元纳音无刑陷。符使生旺时举葬之良。

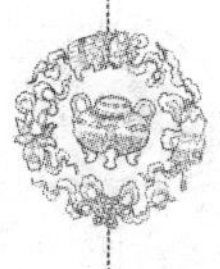

白话译释

直符

直符：代表坟茔龙神结聚，形势起伏，去向。

螣蛇：代表道路罗星，对岸去脉。

太阴：代表穴顺起风，右仲昌弓。

六合：代表向道植树，左占右弓。

勾陈（含白虎）：代表护沙，内势拱对，外势占沙。

朱雀（含玄武）：代表明堂，原长水，凶乘龙。

九地：代表穴窝脐跌歉之情。

九天：代表向屏障照临之势。

直使

休门：壬子癸黄泉在辰，忌戊辰日、戊辰时。

生门：丑艮寅黄泉在寅，忌丙寅日、丙寅时。

伤门：甲卯乙黄泉在申，忌庚申日、庚申时。

杜门：辰巽巳黄泉在酉，忌辛酉日、辛酉时。

景门：丙午丁黄泉在亥，忌己亥日、己亥时。

死门：未坤申黄泉在卯，忌乙卯日、乙卯时。

惊门：庚酉辛黄泉在巳。忌丁巳日、丁巳时。

开门：戌乾亥黄泉在午，忌丙午日、丙午时。

十干

甲干：黄泉在艮，库在未，忌寅，水向忌亥流。

乙干：黄泉为巽，库在戌，忌辰，水向忌丑流。

丙干：黄泉在巽，库在戌，忌午，水向忌寅流。

丁干：黄泉在坤，库在丑，忌未，水向忌寅流。

戊干：居坎宫。

己干：居离宫。

庚干：黄泉在坤，库在丑，忌申，水向忌申流。

辛干：黄泉在乾，库在辰，忌戌，水向忌辰流。

壬干：黄泉在乾，库在辰，忌亥，水向忌巳流。

癸干：黄泉在艮，库在未，忌丑，水向忌巳流。

九星

天蓬星：坟为水形方尖。

天任星：坟为土形曲尖。

天冲星：坟为木形长斜。

天辅星：坟为木形秀丽。

天英星：坟为火形尖虚。

天芮星：坟为土形偏侧。

天禽星：坟为土形方正。

天柱星：坟为金形仰缺。

天心星：坟为金形门窝。

九宫

坎一官：结穴水局。

坤二宫：四维土。

震三宫：结穴木局。

巽四宫：节甲子辰，气巳酉丑。

中五宫：节气结穴土局。

乾六宫：节寅午戌，气亥卯未。

兑七宫：结穴金局。

艮八宫：四库土。

离九宫：结穴火局。

门户

迎向朝对即方向，要看天三门；拥护过峡，看地四户。

天三门贵与天乙、天马、三吉门相合，吉祥。

地四户贵与阴贲、九遁、五假相合，最佳。

三甲

孟甲看左势，主龙；仲甲看中势，主穴；季甲看右势，主河水。

值开忌无刑伤，值阖忌隔；内外都值开阖前后占测；

如果值全开沙水没有收拦；全阖不化欠利益即无好处。

论十干

日干为人，时干为地，纳音为方向。

日干时干相生相合可以迁葬，时干克日干则不可迁葬。

日干纳音看坟形，时干纳音着方向，只要坟形、方向两不相伤就可以安葬。

但如果有一项犯刑伤，就应当斟酌改变形状与方向。

坟的方向不能克地元即纳音时干不能克时干，风水先生所指点的方向都不是真传。

如果允地元，活人要死，死人受害，应当另定方向。

在化合中间定龙神，在化旺中辨真假，化旺须真，如果假就会入囚困之境。

化气纳音相生相合，得此必做高官，发大财。

如果再有直符直使乘健旺，始终吉祥，可以安坟。

论直符

通过直符占坟地，要看是否有火未刑，然后按五行生克原理进行推断。

还要看旺相休囚孤虚，再审时间考宫位就可以辨明吉凶。

占墓穴要看太阴和九地，明堂路案要看朱雀和螣蛇。

向对屏障看九天，主山砂势看玄武、白虎和勾陈。

用神不犯刑格和孤格，又得合得生，则可以造坟。

论直使

通过直使，能够占测坟墓与方向，其中涉及多种转折变化情况。

见休囚飞旺可以立茔，而见旺飞休废则不可立坟茔。

要仔细考察飞宫、伏宫，它彼此不相伤才宜立坟茔。

忌见煞星与时干日干相逢，坟茔不宜伏煞星。

更忌煞星入此宫，应当尽快改迁别处才无灾殃。

论十干

考查十干所主，不要让鬼克入关栏。

尤其嫌恶坐临忌煞之位，因为此处是年宫的废地。

甲乙二干兴龙使左方脉气有威，在此情况下应当拔除树木。

庚辛二干可保无惊无险，但若坟墓太高则会伤害右边脉气。

丙丁二干得令坟势就好，一有毛病就会招来口舌是非。

壬癸得元脉气厚，但枯涩休囚则无后代。

戊己居于胎息之地，宜要生星入坟茔。

还要细查哪一干孤克缺，推断何处缺废残。

如果见父子、财帛、官禄各宫，既能享富贵，又会儿孙满堂。

论九星

九星应当纯粹，脱脱变鬼一定会衰败。

吉报吉星会更加吉利，凶助凶威凶得可怕。

只要本星生此坟莹，飞宫、伏宫对主人有利。

如果要查形势改换坟形，应当考查星仪的进退加临情况。

因此旺相休囚要逐一仔细推算，这样可以知道坟形应当如何处理了。

论九宫

九宫起始论坟茔来历，一宫不入孤地才可立坟。

如果有一宫入旬空，化气不真便不好。

即使全局都无伤，也要再把本宫仔细推算。

从哪一宫起走向何方，穿过哪里都要查寻明白。

还要看归局经历了几个星辰，详考变胎才可决定。

如果得依节次进入生宫，这就是最好的归处，可以立坟。

上局得令应将坟立在左侧，中局得令应将坟立在中部，下局得令应将坟立在右侧。

总之，就按节次区别情况，只要得令便可立坟，失令则不可立坟。

论门户

天三门、地四户是否休囚是容易判断的，只要看阴贵星和阳贵星就可以了。

阳贵人吉星加临坟主发财早，阴贵人吉星早临则坟主后兴旺。

如果天门吉而地户凶坟主会日渐衰落，地户吉而天门凶前期不如意。

如果天门地户全都吉或全都凶，那全吉则家道兴旺，全凶则家道衰败。

论三甲

三甲用来区分方位的左中右，决定龙穴砂水的位置。

值开值阖之中颇有微妙之处，只要用神得地，就是仙宫般的地方。宜于立坟茔。

论吉凶格

青龙返首，回龙顾祖，地势很好。飞鸟跌穴，蛇入龙窝，地势欠佳。白虎猖狂，应当推算右水反跳。青龙逃走，左侧的脉气会奔腾。遁格各有所取，逢地遁可喜，应立坟茔。假格各有区别，逢鬼假大吉，应立坟茔。三诈格，墓坑深浅要适中。三胜宫，临山城之地为妙地。三奇得使，气脉远布，是立坟的好地方。玉女守门，拱护森严，是立坟的好地方。天三门、地四户，切不可刑伤直使和时干日干。天马私门，要逢六合、九天、直符、直使。螣蛇夭矫，墓穴不实，应当防备道路从此经过穿伤。朱雀投江，案山低卸，元神由此流过。伏干、飞干，此地必有变动，还恐怕后来改作边场。飞宫、伏宫，此地必有凶灾，日后会蚁居风透。大格、小格，水不朝而反射。刑格、悖格，砂石合而家道损伤。荧入太白，丑名声官事多。太白入荧，尸烂棺腐必定遭殃。反伏门迫，年、月、日、时都带刑煞。直符、直使入休囚之地，坟位与方向都不吉祥，纵葬不发。时干、日干遭刑害，虽用而必丧亡。日、时二干纳音无刑陷，直符直使生旺，是举葬的良机。

田禾占

直符

符：农人、禾稼。

蛇：蝗螨，蛙害。

阴：籽粒。

合：禾苗。

勾白：牛力，灾殃。

朱玄：穗头，旱蝗，根浅水涝。

地：田塍，堆积，收成。

天：场园，栽插。

直使

休：水灌溉。

生：春耕。

伤：耨耘。

杜：苗梗。

景：花节。

死：秋收，籽粒。

惊：收割。

开：抽心，放叶，探穗。

十干

甲：秧，牛力，人工，早稻。

乙：苗，扣尖。

丙：花豆。

丁：穗秫。

戊：黍、粟、棉、豆。

己：稻、谷、围埂。

庚：大麦、虫。

辛：小麦籽粒，米苞。

壬：浆汁，晚稻。

癸：收实。

九星

蓬：芒稻、粘稻，水灾。

任：早稻、旱谷，风暴。

辅：谷、粟、福神。

禽：稼穑、真宰。

英：花穗、冲旱焦。

芮：秀实神。

柱：虫瘟，枯焦。

心：籽粒。

九宫

一：主菽，得令水势大，中和水浆丰稔。

二：得令田禾好，四维土。

三：主麻。失令防旱荒，中和花秀。

四：节申子辰，气巳酉丑。

五：节五谷，气总宰。

六：节寅午戌，气亥卯未。

七：主麦，失令有克防虫荒，无克收成。

八：四库土，失令有偏格。

九：主禾，得令丰熟，失令莠草。

门户

栽插花秀贵天门，耨耘收割贵地户。阳开得令丰收，阴阖失令荒歉。

三甲

孟甲宜早谷，仲甲宜中稻，季甲宜晚禾。阳开无刑不怕旱，阴阖刑格须虑水。

论干支

日干农人时干田，纳音牛力时籽兼。回时生日兮宜佃种，日克时兮亦许全。反此须防有灾变，纳音化合考先天。课体之中怕金火，虫荒焦旱查类铨。土木二象宜取用，水象泛滥正堪嫌。逐项搜看田种子，参详时令仔细言。

论直符

直符六合怕刑伤，飞宫伏宫生旺强。朱蛇玄白加临处，休囚无气忌猖狂。

论直使

直使东作与西成，门次条分优劣情。

得令逢水无刑格，用神旺相细多能。

论十干

秧苗花粒随于分，四季天时亦继陈。

主干乘生无刑击，佐使兼济谷如云。

论九星

九星五行各分形，吉星得令有收成。

用神天星不生合，人力参差龃龉情。

论九宫

九宫起元论所属，旺相生合树艺熟。

时逢刑格与孤虚，反局吉来宜种粟。

论门户

四季令星登门户，无隔无刑谷麦富。

门吉户凶秋实虚，户吉门凶春作误。

论三甲

三甲查分播种田，何开何阖各争先。

三吉三胜来凑合，如茹如云寄陌阡。

论吉凶格

返首跌穴皆为吉象，倘无刑克与墓空，自然千仓盈烦。虎狂龙走原作凶推，若遇震巽风云，管教险后丰收。地遁人遁吉无不利，三诈五假权变合宜。得使而本类皆丰，守门而本属伤利。三门四户出作入息喜恩逢，天马私门风车水槽怕刑克。蛇夭娇而苗不秀，雀投江而秀入仓。伏干飞干，蝗虫灾异；伏官飞官，耕种狼当。大格小格，水灾虫变，刑格悖格，旱魃为殃。年月日时逢悖格，五行消息断灾祥。荧入白兮夏谷有损，白入荧兮秋来须防。五不遇兮徒劳心力，六仪刑兮佃种相妨。入墓与罗网，或因邻界偏生隙；反伏及门迫，纵虽佃种却心忙。武侯赋此千金诀，留为佃种细推详。再查来人行年命，或逢生旺与刑伤，如此会合类神取，判断佃种验非常。

白话译释

直符

直符：代表农民，庄稼。

螣蛇：代表蝗虫，蛀害。

太阴：代表籽粒，即粮食。

六合：代表禾苗。

勾陈（含白虎）：代表牲畜如牛马等，灾殃。

朱雀（含玄武）；代表穗头，旱灾，蝗灾，根浅，水涝。

九地：代表田地，堆积，收成。

九天：代表场园，栽种插秧。

直使

休门：代表水，灌溉。

生门：代表春耕。

伤门：代表耕耘除草。

杜门：代表苗梗。
景门：代表花节。
死门：代表秋收，籽粒。
惊门：代表收割。
开门：代表抽心，放叶，探穗。

十干

甲干：代表秧苗，牲畜，人工，早稻。
乙干：代表苗中尖。
丙干：代表花豆。
丁干：代表穗秫。
戊干：代表黍、粟、棉、豆。
己干：代表稻、谷、围埂。
庚干：代表大麦，虫害。
辛干：代表小麦籽粒，米苞。
壬干：代表浆汁，晚稻。
癸干：代表收割。

九星

天蓬星：代表芒稻，粘稻，水灾。
天任星：代表早稻，旱谷，风暴。
天铺星：代表谷，粟，福神。
天禽星：代表播种与收获，真正的主宰即上苍。
天英星：代表花穗、冲旱焦。
天芮星：代表秀实神。
天柱星：代表虫瘟，枯焦。
天心星：代表籽粒。

九宫

坎一宫：主菽，得令水势大，中和水浆丰满。
坤二官：得令田禾长势好，四维土。
震三宫：主麻，失令防旱荒，中和花秀。
巽四宫：节申子辰，气巳酉丑。
中五官：节五谷，气总宰。
乾六宫：节寅午戌，气亥卯未。
兑七宫：主麦，失令有克防虫荒，无克有收成。

艮八宫：四库土，失令收成不好。

离九宫：主禾苗，得令庄稼丰熟，失令多杂草。

门户

播种、花秀看天三门，耕耘收割看地四户。

值阳开得令丰收，值阴阖失令灾荒歉收。

三甲

孟甲宜占测早谷，仲甲宜占测中稻，季甲宜占测晚禾。

值阳开无刑不怕天旱，值阴阖刑格就防水灾。

论干支

日干为农民，时干为田地，纳音为牲口、农时和种子。

时干生日干宜于播种，日干克时干也是好时机。

与此相反应当防天灾，纳音化合考察天气情况。

占测的课体之中怕见金火，会发生虫荒和大旱。

土、木二象却宜于取用，水则大水泛滥之忧。

应当逐项查看田地和种子，还要参看时令，而后才好下断语。

论直符

直符、六合怕刑伤，飞宫、伏宫见生旺为强位。

朱雀、螣蛇、玄武、白虎加临之处，如果休囚无气则忌猖狂。

论直使

通过直使占测田禾，应按门次分出优劣。

得令逢水又无刑格，用神旺相正是时机。

论十干

秧苗花粒看天干，四季天时也看天干。

只要主天干上乘宫而无刑击，佐和使兼济粮食丰收。

论九星

九星和五行所主不同，吉星得令有收成。

用神天星不相生相合，粮食必定会歉收。

论九宫

通过九宫占测田禾按归属论事，旺相生合田禾成熟。

时逢刑格与孤虚，不宜种庄稼，反之则宜种庄稼。

论门户

四季令星加临天三门、地四户，无隔无刑粮食丰收。

天三门吉四地户凶秋粮歉收，地四户吉天三门凶春季耕作被耽误。

论三甲

三甲看其所主种田地，值开值阖各不相同。

三吉三胜也可播种，粮食可获大丰收。

论吉凶格

青龙返首、飞鸟跌穴，都是吉象，如果没有刑克与墓空，粮食自会丰收。

白虎猖狂、青龙逃走，原本都是凶相，但如果遇震宫巽宫，凶险之后有好收成。

地遁、人遁，吉无不利。

三诈、五假，权变合宜。

三奇得使，粮食丰收。

玉女守门，损伤财利。

天三门，地四户，日出而作、日入而息，粮食丰收。

天马私门，忌怕刑格，因为会伤风车水槽。

螣蛇夭矫，禾苗不旺盛。

朱雀投江，禾苗旺盛多打粮食。

伏干飞干，发生蝗虫灾异。

伏宫飞官，耕种不良。

大格小格，发生水灾虫害。

刑格悖格，大旱成灾。

年、月、日、时逢悖格，根据五行消长情况判断灾祸与吉祥。

荧入太白，夏粮会受损害。

太白入荧，秋季须防灾害。五不遇时，白费心力，粮食不收。六仪击刑，收成不好。入墓罗网，有时因邻界偏生灾情。反伏门迫，播种也是白费心。

诸葛亮（武侯）写下了这千金不易的秘诀，留下来让人们在佃种相关事宜上仔细地推断端详。还要查问来人的行年本命，看其是遇到生旺的运势还是刑伤的情况，像这样综合各类相关的神煞、格局等信息来取用，判断佃种的相关事情就会有非常灵验的效果。

卷十四

三奇八门

乙至六七日疑难，丙丁临九不堪观，柱心至九皆难用，也忌惊开门英前，英景定知愁坎位，休逢二八是头端，死生芮任禽三四，冲伤六七不虚言，杜辅要知同六七，若人会此透天关。

白话译释

这里涉及的知识有：

三奇：乙、丙、丁三天干。

八门：开、惊、伤、杜、死、生、休、景八门。

九星：天蓬、天芮、天冲、天辅、天禽、天心、天柱、天任、天英九星。

乙奇到六宫、七宫多疑难；丙奇、丁奇，临九宫多凶；天柱星、天心星到九宫都难以使用；也忌讳在惊门、开门和天英星之前；天英星和景门不可到坎位；休门逢二宫、八宫是吉利的起点；死门、生门和天芮星、天任星、天禽星到三宫、四宫，以及天冲星和伤门到六宫、七宫也事关紧要；杜门和天辅星同到六宫、七宫，也至关紧要，如看出其中玄妙，就能参透天机。

门迫歌

惊开三四休临九，伤杜还归二八宫，生死排来居第一，景门六七总相同。吉门被迫吉不就，凶门被迫祸重重。

白话译释

惊门、开门临三宫、四宫，休门临九宫，伤门、杜门临二宫、八宫，生门、死门临一宫，景门临六宫、七宫，就是被迫，一旦被迫，吉门不占，凶门更凶。

三奇入墓歌

三奇入墓百不宜，乙丙临乾清避之，丁奇乙未临艮土，诸般动作尽休休。

白话译释

三奇入墓，百事不宜；乙奇、丙奇临乾宫，需要回避；丁奇、乙奇合未临艮土之宫，无论干什么都要停下来，否则将招致不良后果。

奇门吉格

"天遁"者，生门主兴隆合丙奇，临下六丁是也，此遁得月华之蔽，宜行兵、献策、摄王侯之权，百事生旺。又开门与六丙亦相同，宜祭祷天神。

"地遁"者，开门合乙奇，临地下六己是也，此遁得日精之蔽，宜安葬、埋伏、出门、造屋一切皆吉。

"人遁"者，休门与丁奇合太阴是也，此遁得星精之蔽，宜密探贼营、隐迹、谒贵、招贤、求亲、经营、求将、对敌、盟誓，吉；百事和集。

"风遁"者，乙奇合休开生临巽是也，又开丙临巽亦是。此时风从西北方来，名"天罡风"，宜顺风击贼，以嘿吸风气喷噗旌旄，或托异香令士卒沉听音乐，得灵风顺音爽帆之蔽，顺风所助。如风从东来，名"雷门风"，若贼在东方不可与战。风从东南来，名"大门风"，如贼在南方亦不可与战。《参筹秘书》云："开门乙奇临巽，宜祭风伯，以火攻敌，战立旌旗，以候风应"。

"云遁"者，乙合开休生，下临六辛宫，又乙开临坤亦是此遁，得云精之蔽，宜藏形、蔽敌。如云气形、如妇人双手双足，主三日有喜，所临处吉。白云在外中有黑云，主有伏兵，形似雁行，主有大将出，所临处吉。形如坐狗，有奇兵埋伏，云震片片，被风吹断，主大败。一云：乙休临坤，利求雨泽、建立云寨、制造军器，以候云应。

“龙遁”者，休门与乙奇临六甲于坎宫，临六癸亦是。此时宜祭龙神、祈求雨泽、掩捕贼人、密计渡河、把守水口、设机伏谋、攻敌、量水面，得龙神助，又利水战。

“虎遁”者，乙奇合辛临休门于艮宫，又辛仪合生临艮亦是。此时宜招安亡命及战用急攻，必胜；设伏游击、藏兵、计渡要害、道路量险，用谋得虎之威。一云：生门丙奇合辛亦是，利守御，宜建立山寨，以候虎应。

“神遁”者，丙奇合九天临生门，此时宜祷神灵、行神术、画地布筹、禹罡、造坛、驱邪、命将、呼风召雨，及制伏鬼神魔魅，得天灵百神之蔽。一云：“修塑神像，神灵佑之”。

“鬼遁”者，生门与丁奇、九地临艮。又乙奇合九地于杜门亦是。此时宜哨探贼机、偷营劫寨、设伪为伏虚、驱神役鬼，得鬼神之蔽。一云：“开门、丁奇合九地亦是鬼遁”。

白话译释

奇门吉格主要有九：天遁、地遁、人遁、风遁、云遁、龙遁、虎遁、神遁、鬼遁，合称“九遁”。

天遁

天盘丙奇，中盘生门，地盘六丁。生门主兴隆，又得月华之气，百事生旺，宜于上书、求官、经商、隐迹、婚姻等等。

地遁

天盘乙奇，中盘开门，地盘六己。开门主通达，又得日精之佑护，百事吉祥，宜于扎寨屯兵、修造、逃亡、安坟等等。

人遁

天盘丁奇，中盘休门，神盘太阴。此遁得星精的佑护，宜于和谈、探密、潜伏、求贤、婚姻、经商、献策等等。

风遁

天盘乙奇，中盘或开门或休门或生门，地盘六巽四宫；若风从西北方来，宜顺风去敌；若风从东方来，敌方在东方或南方，都不可交战等等。

云遁

天盘乙奇，中盘或开门或休门或生门，地盘六辛。此遁得云精的佑护，宜于求雨、扎营、造兵器等等。

龙遁

天盘乙奇，中盘休门，地盘坎一宫。宜于求雨、水战、修桥、凿井等等。

虎遁

天盘乙奇，中盘休门，地盘六辛艮八宫。宜于招降、立案、守营。

神遁

天盘丙奇，中盘生门，神盘九天，宜于攻虚、开路、塔河、造像等等。

鬼遁

天盘丁奇，中盘生门，神盘九地。宜于偷袭、设伏、驱鬼等等。

三奇贵人升殿格

乙奇临震为“日出扶桑”，有禄之乡，是贵人升于乙卯正殿。

丙奇到离为“月照端门”，火旺之地，是贵人升于丙午正殿。

丁奇临兑为“丁见西方”，天之神位，是贵人升于丁酉本殿。

“三奇上吉门格”乙丙丁三奇到，而无开休生三吉门者，不可用。如三吉门到，而无三奇者，尚可用。经云：“背生向死，百战百胜”。总之三奇吉星、吉门俱到，又不犯格，方为万全。若事在危急，诸星不到，须用背生向死之法。如敌势尚缓，候二奇吉门俱到，斯为全美矣。

“三奇专使格”甲己日乙奇，丙辛日丙奇，乙庚日丁奇，丁壬日乙奇，戊癸日丁奇也。

以上皆吉，阴阳二遁同。

“玉女守门格”甲己时在丙，乙庚时在辛，丙辛时在乙，丁壬时在己，戊癸时在壬。一云：兑宫有丁辛者吉。

“交泰格”乙奇加丁，乙奇加丙，遇之大吉。

“天遇（运）昌气格”六丁加六乙。

“三奇利合格”六丁加六甲，六甲谓之符头。

“天显时格”甲己日甲戌，乙庚日甲申，丙辛日甲午，丁壬日甲辰，戊癸日甲寅。

行兵、战鬬、上官、参谒、求财、远行皆吉。有罪者，皆逢宥释。甲己日甲子、己巳时亦是。

“青龙回首格”天盘六戊，地盘六丙。

“飞鸟跌穴格”丙加戊。

“雀含花甲格”丙加乙。

"三奇得使格"乙加午（甲午）、戌（甲戌）二宫，丙奇加子（甲子）、申（甲申）二宫，丁奇加寅（甲寅）、辰（甲辰）。

白话译释

乙奇临震宫，为日出扶桑，有禄之乡是贵人，升到乙卯正殿。

丙奇到离宫，为月照端门，火旺之地是贵人，升到丙午正殿。

丁奇临兑宫，为丁见西方，天之神位是贵人，升到丁酉本殿。

三奇的上吉门格，乙、丙、丁三奇到，却没有开、休、生三吉门，不可用；若三吉门到而无三奇，还是可以用的。经书上说："背生向死，百战百胜"。总之，三奇的吉星吉门都到，又不犯死格，才是万全立格。如果事情危急，诸星都不到，应当用背生向死之法；如果敌方进击的形势较缓，等候三奇三吉门都来到，这才算完美。

三奇专使格为甲己日乙奇，丙辛日丙奇，乙庚日丁奇，丁壬日乙奇，戊癸日丁奇。

以上说的都是吉，包括阴阳二遁，二者在这些方面是相同的。

玉女守门格：甲己时在丙，乙庚时在辛，丙辛时在己，丁壬时在己，戊癸时在壬。一说：兑宫有丁辛者为吉。

交泰格：天盘乙奇加地盘六丁，天盘乙奇加地盘六丙。遇之大吉。

天遇（运）昌气格：天盘六丁加地盘六乙。三奇利合格：天盘六丁加地盘六甲。六甲称为符头。

天显时格：甲己日甲戌，乙庚日甲申，丙辛日甲午，丁壬日甲辰，戊癸日甲寅。

以上各格，无论行兵战斗、升官赴任、谒见贵人、经商求财、外出远行，都吉利。有罪者都会获得宽恕、释放。甲己日甲子、己巳时也是这样的。

青龙回首格：天盘六戊加地盘六丙。

飞鸟跌穴格：天盘六丙加地盘六戊。

雀含花甲格：天盘六丙加地盘六乙。

三奇得使格：天盘六乙加地盘午戌二宫，天盘六丙加地盘子申二宫，天盘六丁加地盘寅辰二宫。

凶格

“悖格”丙加值符，加丙及丙加岁月日时之上，俱为悖格，主莅政纲纪紊乱。丙加丙亦为悖，主见乱臣贼子。

“天网四张格”歌曰：“天网四张无路走，一二网低有路通”。如壬戌年九月癸未日癸丑时阴六局，休门与值符加时干癸于坎宫，日时二干俱加离宫，是为网高九尺。又曰：“天网四张不可当，此时用事有灾殃，若是有人强出者，立便身眠见血光。”

“地网遮格”六壬加时干六癸，二网俱不宜出兵、出行，大凶。

“高格”即“天网四张”，天上六癸加五六七八九宫，大凶，不可用。

“低格”天盘六癸加一二三四宫，即匍匐而出。经曰：“天网四张，百物自伤”。此时可举百事，又神有高下必须知之。

“伏宫格”天盘六庚加值符及地盘戊，主客俱不利，战鬪两伤。

“飞宫格”直符加六庚，主客俱凶。

“时墓格”丙戌墓干，壬辰墓巽，辛丑墓艮，乙未墓坤，戊戌墓干。

“迫制和义格”门尅宫为迫，宫尅门为制，门生宫为和，宫生门为义。

“二龙相比格”六甲加六乙，凶。

“青龙受困格”六甲加六戊，危。

“火披水地格”丙丁入乙宫，万事莫举。

“木入金乡格”乙奇临六、七宫，万事莫举。

“火临金位格”丙丁加干兑宫。

“金劈木林格”庚辛临震巽宫。

“木来尅土格”乙奇临坤艮宫。

“伏干格”庚加日干。

“飞干格”日干加庚。

“伏吟格”本星伏本宫。

“反吟格”星临对宫。

“奇墓格”乙到临坤，丙奇临干，丁奇临艮。

“六仪击刑格”甲子戊直符加三宫，甲戌己值符加二宫，甲申庚加八宫，甲午辛加九宫，甲辰壬加四宫，甲寅癸值符加四宫。

“六仪受制格”休加离伤，杜加艮坤，景加干兑，生死加坎，开惊加震巽。

“五不遇时格”时干尅日干。

“地罗占葬格”天盘壬加地盘壬。

“岁格”庚临岁干。

“月格”庚临月干。

“日格”庚临日干。

“时格”庚临时干。即庚年庚月庚日庚时。

“大格”庚临六癸。

“小格”庚临六壬。

“刑格”庚临六己。

“悖格”丙加时干。

“青龙逃走格”乙加辛。

“白虎猖狂格”辛加乙。

“螣蛇夭矫格”癸加丁。

“朱雀投江格”丁加癸。

“荧惑入太白格”丙加庚。

“太白入荧惑格”庚加丙。

白话译释

这里说的是奇门各个凶格。

悖格

天盘丙奇加地盘直符，天盘丙奇加地盘丙奇，天盘丙奇加地盘年干、月干、日干、时干，都是悖格，主纲纪紊乱，不吉。天盘丙奇加地盘丙奇，也是悖格，主见乱臣贼子。

天网四张格

歌曰："天网四张走投无路，但一二网低有路通。"又曰："天网四张不可当，此时用事有灾殃，若是有人强出者，立便身眠见血光"天盘六甲直符加地盘六癸。百事不宜。这里，天盘六甲、地盘六癸都是天网。

如壬戌年九月癸未月癸丑时，阴六局休门与直符加时干癸于坎宫，日、时二干都加临离宫，这是网高九尺，这也是天网四张。

地网遮格

天盘六壬加地盘时干六癸二网，都不宜出兵出行，大凶。

高格

就是天网四张，天盘六癸加地盘五、六、七、八、九宫，大凶，不可用。

低格

天盘六癸加地盘一、二、三、四宫，即匍匐而出。经书上说："天网四张，百物自伤。"此时并非完全不可行动，反而可以行事，不过要知道神明能量的高低分布。

伏宫格

天盘六庚加地盘直符，天盘六庚加地盘戊。对主方和客方都不利，如果战斗则两败俱伤。

飞宫格

天盘直符加地盘六庚。对主客两方都凶。

时墓格

丙戌以乾宫为墓地，壬辰以巽宫为墓地，辛丑以艮宫为基地，乙未以坤宫为墓地，戊戌以乾宫为墓地。

迫制和义格

门克宫为迫，宫克门为制，门生宫为和，宫生门为义。

这是说天盘门和地盘宫位之间的关系。奇门遁甲中天盘门与地盘宫按五行属性配合，可以构成迫、制、和、义、比五种关系。其中宫与门、五行相同为比，其他见下。

门 / 五行 / 宫	休	死	伤	杜	中	开	惊	生	景
	水	土	木	木	土	金	金	土	火
坎一宫水	比	迫	义	义	迫	和	和	迫	制
坤二宫土	制	比	迫	迫	比	义	义	比	和
震三宫木	和	制	比	比	制	迫	迫	制	义
巽四宫木	和	制	迫	迫	比	义	义	比	和
乾六宫金	义	和	制	制	和	比	比	和	迫
兑七宫金	义	和	制	制	和	比	比	和	迫
艮八宫土	制	比	迫	迫	比	义	义	比	和

二龙相比格

天盘六甲加地盘六乙，凶险。

青龙受困格

天盘六甲加地盘六戊，危急。

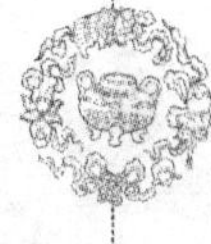

火拔水地格

天盘丙奇、丁奇入地盘六乙，什么事也不要干。

木入金乡格

天盘乙奇临地盘六、七宫，什么事也不要干。

火临金位格

天盘丙奇、丁奇加乾、兑宫。

金劈木林格

天盘六庚、六辛临地盘震、巽宫。

木来克土格

天盘乙奇加地盘艮、坤宫。

伏干格

天盘六庚加地盘日干。

飞干格

天盘日干加地盘六庚。

伏吟格

本星伏于本宫。具体地说，天盘星在本宫未动，为星伏吟；门在本宫未动，为门伏吟。

反吟格

星临对宫。具体地说，天盘星与地盘星对冲，为星反吟；天盘门与地盘门对冲，为门反吟。

奇墓格

天盘乙奇临地盘坤宫，天盘丙奇临地盘乾宫，天盘丁奇临地盘艮宫。

六仪击刑格

天盘甲子加临地盘震三宫（子刑卯）；

天盘甲戌加临坤二宫（戌刑未）；

天盘甲申加临地盘艮八宫（申刑寅）；

天盘甲午加临地盘离九宫（午自刑）；

天盘甲辰加临地盘巽四宫（辰自刑）；

天盘甲寅加临地盘巽四宫（寅刑巳）。

六仪受制格

天盘休门加临地盘离宫、伤门；

天盘杜门加临地盘坤宫、艮宫；

天盘景门加临地盘乾宫、兑宫；

天盘生门、死门加临地盘坎宫；

天盘开门、惊门加临地盘震宫、巽宫。

五不遇时格

时干克日干。

地罗占葬格

天盘壬干加临地盘壬干。

岁格

天盘六庚加临地盘岁干，即年干。

月格

天盘六庚加临地盘月干。

日格

天盘六庚加临地盘日干。

时格

天盘六庚加临地盘时干。

这里的庚即庚年、庚月、庚日、庚时。

大格

天盘六庚加临地盘六癸。

小格

天盘六庚加临地盘六壬。

刑格

天盘六庚加临地盘六己。

悖格

天盘丙奇加临时干。

青龙逃走格

天盘乙奇加临地盘六辛。

白虎猖狂格

天盘六辛加临地盘乙奇。

螣蛇夭矫格

天盘六癸加临地盘丁奇。

朱雀投江格

天盘丁奇加临地盘六癸。

荧惑入太白格

天盘丙奇加临地盘六庚。

太白入荧惑格

天盘六庚加临地盘丙奇。

十二宫神歌

子在宝瓶青齐位，丑居磨蝎越扬州，寅中人马幽燕地，卯位天蝎宋豫求，辰为双女楚荆郡，午周三河属狮子，未居巨蟹秦雍留，申为魏益阴阳位，酉赵冀州方为金，戌星白羊鲁徐郡，亥为双鱼卫并收。

白话译释

子在宝瓶宫，为青州、齐州的分野；
丑在磨蝎宫，为越国、扬州的分野；
寅在人马宫，为燕园、幽州的分野；
卯在天蝎宫，为宋园、豫州的分野；
辰在双子、室女宫，为楚国荆州的分野；
午在狮子宫，为周国三河的分野；
未在巨蟹宫，为秦国雍州的分野；
申为魏国益州的分野，阴阳之位；
酉为赵国冀州的分野，属金，
戌在白羊宫，为鲁国徐州的分野；
亥在双鱼宫，为卫国并州的分野。

卷十五

地私门阳贵人顺行之图

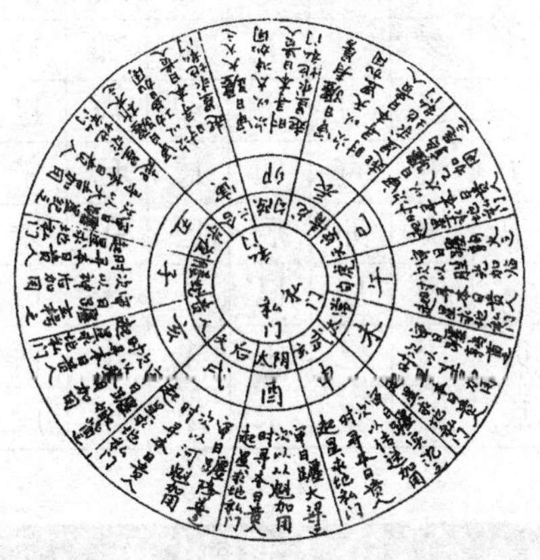

地私门阴贵人逆行之图

太冲天马方吉时定局

用时宪书审定太阳过宫方可选用。

	子时	丑时	寅时	卯时	辰时	巳时	午时	未时	申时	酉时	戌时	亥时
正月登时将 太冲天马方	辰	巳	午	未	申	酉	戌	亥	子	丑	寅	卯
二月河魁将	巳	午	未	申	酉	戌	亥	子	丑	寅	卯	辰
三月从魁将	午	未	申	酉	戌	亥	子	丑	寅	卯	辰	巳
四月传送将	未	申	酉	戌	亥	子	丑	寅	卯	辰	巳	午
五月小吉将	申	酉	戌	亥	子	丑	寅	卯	辰	巳	午	未
六月胜无将	酉	戌	亥	子	丑	寅	卯	辰	巳	午	未	申
七月太乙将	戌	亥	子	丑	寅	卯	辰	巳	午	未	申	酉
八月天罡将	亥	子	丑	寅	卯	辰	巳	午	未	申	酉	戌
九月太冲将	子	丑	寅	卯	辰	巳	午	未	申	酉	戌	亥
十月功曹将	丑	寅	卯	辰	巳	午	未	申	酉	戌	亥	子
十一月大吉将	寅	卯	辰	巳	午	未	申	酉	戌	亥	子	丑
十二月神后将	卯	辰	巳	午	未	申	酉	戌	亥	子	丑	寅

总论太阳过宫

天三门、地四户、地私门、太冲天马方同例。

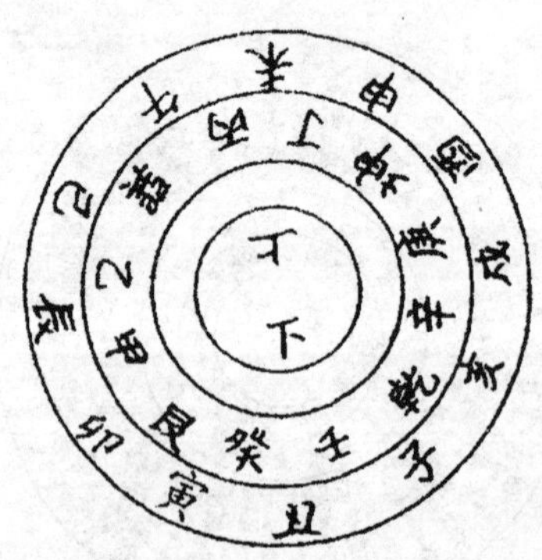

阴阳贵人旦贵暮贵之图

旦贵用上一字，即内盘之乙巽丙丁坤庚六时，暮贵用下一字，即内盘之辛干壬癸艮坤。甲六时神所到之宫，自亥至辰为阳支，宜顺行；自巳至戌为阴支，宜逆行。二盘当合推用，但分之以知甲在卯宫用暮责，巽在巳宫用旦贵。

假如正月雨水后，太阳躔娵訾之次，月将在亥，则以亥加用时之上，以分旦暮，定其阴阳。又视贵神所到之宫，详其阳支宜顺行，阴支宜逆行，以求三辰所在之位。

假如甲日用卯时属下之一字，用暮贵，定为阳贵，则以亥加卯宫顺行，阳贵神未在亥，亥为阳支，加贵神顺行，六合在寅，太常在未，太阴在酉也。

假如甲日用午时属上之一字，用旦贵，定为阴贵，则以亥加午顺行。阴贵丑在申，申为阴支，加贵神逆行，太阴在戌，太常在子，六合在巳也。

假如甲日用子时属下之一字，用暮贵，定为阳贵神，则以亥加子顺行，阳贵神未在申，申为阴支，加贵神逆行，太阴在戌，太常在子，六合在巳也。余皆仿此。

阳贵诗曰：“庚戊见牛甲在羊，乙猴己鼠丙鸡方，丁猪癸蛇壬是兔，六辛逢虎贵为阳”。

阴贵诗曰：“甲贵阴牛庚戊羊，乙阴在鼠己猴乡，丙鸡丁猪辛遇马，壬蛇癸兔是阴方”。

白话译释

旦贵用图中的上面一个字，也就是内盘的乙、巽、丙、丁、坤、庚六个时辰。暮贵用图中的下面一个字，也就是内盘的辛、乾、壬、癸、艮、坤六个时辰。

六时贵神所到的宫，自亥、自辰为阳支（地支)，应当顺行；自巳、自戌为阴支，应当逆行。两个盘应当一齐推动，只分开推动以知甲的位置，甲在卯宫用暮贵，巽在巳宫用旦贵。

假如正月雨水后，太阳居于娵訾之位，月将在亥宫，就以亥加在用时的上边。以此分出旦暮，定出它的阴阳。又要看贵神所到之宫为何宫，其阳支应当顺行，阴支应当逆行，以此求出三辰所在的位置。

假如甲日用卯时，它下面的一个字用暮贵神定为阳贵神，这时就以亥宫

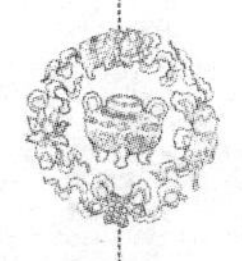

加卯宫顺行，阳贵未宫在亥宫之上，亥是阳支，加贵神顺行，六合星在寅宫，太常星在未宫，太阴星就在酉宫。

假如甲日用午时，它上面的一个字用旦贵神定为阴贵神，这时就以亥宫加午宫顺行。阴贵丑宫在申宫，申是阴支，加贵神逆行，太阴星在戌宫，太常星在子宫。六合星就在巳宫。

假如甲日用子时，它下面的一个字用暮贵神定为阳贵神，这时就以亥宫加子宫顺行，阳贵神未宫在申宫，申为阴支，加贵神逆行，太阴星在戌宫，太常星在子宫，六合星就在巳宫。

余皆仿此。

《阳贵》诗曰："庚戊在午宫甲在未宫，乙在申宫，己在子宫，丙在酉宫，丁在戌宫，癸在巳宫，壬在卯宫，辛逢寅宫贵为阳。"

《阴贵》诗曰："甲在丑宫，庚戊在未宫，乙在子宫，己在申宫，丙在酉宫，丁在亥宫，辛在午宫，壬在巳宫，癸在卯宫是阴方。"

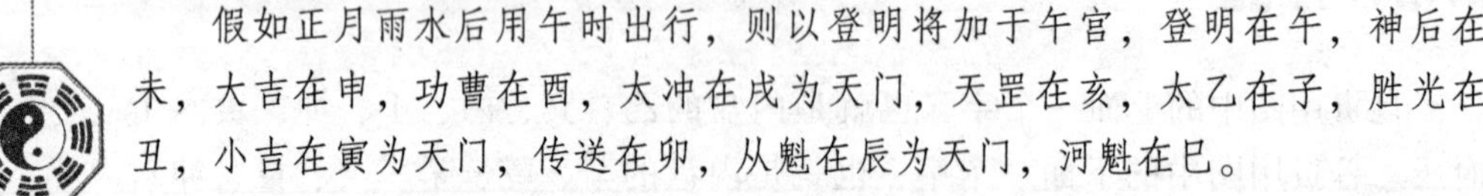

论天门地户

入式歌云："天乙会合女阴私"。所谓天乙会合女阴私之事，要在三奇临六仪，与三奇吉门合太冲、小吉。从魁天三门，加除、危、定、开地四户，是谓福食，远行、出入皆吉。

歌云："本月将名加时支，十二月将顺数去，太冲、小吉与从魁，三方避祸天门，是便以月将加时支顺数也"。

假如正月雨水后用午时出行，则以登明将加于午宫，登明在午，神后在未，大吉在申，功曹在酉，太冲在戌为天门，天罡在亥，太乙在子，胜光在丑，小吉在寅为天门，传送在卯，从魁在辰为天门，河魁在巳。

以时宪书审订太阳过官方要选用。如去年大寒后某日时刻，日躔元枵之次，太阳在子，以神后出将加用时，世俗但知登明为正月将，却不知雨水后某日时刻日躔娵訾之次，太阳始过亥宫，始可用登明将，以次轮去，如遇从魁、小吉、太冲即是天三门也。倘得本日贵神到干亥，就是贵神登天门，大吉。

白话译释

《入式》歌云：

"天乙会合女阴私。"这里所说的天乙会合女阴私之事，主要是指在三奇加临六仪，和三吉门即开门、休门、生门合太冲，小吉。从魁天三门加地四户除、危、定、开，这是福食，无论远行出入，都吉。

歌云：本月将加临时支，十二月将顺数去，大冲、小吉与从魁三方避祸天门，这就是以月将加临时支顺数。

假如正月雨水后用午时出行，那么就以登明将加临午宫登明，在午神后即在未，大吉在申，功曹在酉，太冲在戌为天门，天罡在亥，太乙在子，胜光在丑，小吉在寅为天门，传送在卯，从魁在辰为天门，而河魁在巳。

这种推算方法，以时宪书即官方颁行的历书审定太阳过宫，才可以选用。举例说，去年大寒后某日某时，日运行到元鹑之位，太阳在子宫，以神后出将加用时世格，只知道登明将为正月月将，却不知道雨水后某日某时，日运行到娵訾之位，太阳刚过亥宫，才可以用登明将，按照位次轮转下去，如果遇到从魁、小吉、大冲就是天三门。如果本日贵神到乾宫、亥宫，这就是贵神登天门，大吉。

天月将

即太阳

正月亥，二月戌，三月酉，四月申，五月未，六月午，七月巳，八月辰，九月卯，十月寅，十一月丑，十二月子。

白话译释

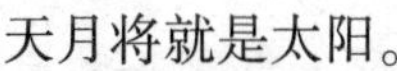

天月将就是太阳。

正月在亥宫，二月在戌宫，三月在酉宫，四月在申宫，五月在未宫，六月在午宫，七月在巳宫，八月在辰宫，九月在卯宫，十月在寅宫，十一月在丑宫，十二月在子宫。

地月将

即月建

正月寅，二月卯，三月辰，四月巳，五月午，六月未，七月申，八月酉，

九月戌，十月亥，十一月子，十二月丑。

白话译释

地月将就是月建，它是阳建之神。

正月在寅宫，二月在卯宫，三月在辰宫，四月在巳宫，五月在午宫，六月在未宫，七月在申宫，八月在酉宫，九月在戌宫，十月在亥宫，十一月在子宫，十二月在丑宫。

天气将

正门雨水壬，二月春分乾，三月谷雨辛，四月小满庚，五月夏至坤，六月大暑丁，七月处暑丙，八月秋分巽，九月霜降乙，十月立冬甲，十一月冬至艮，十二月人寒癸。

白话译释

正月雨水在壬，二月春分在乾，三月谷雨在辛，四月小满在庚，五月夏至在坤，六月大署在丁，七月处暑在丙，八月秋分在巽，九月霜降在乙，十月立冬在甲，十一月冬至在艮，十二月大寒在癸。

地气将

正月立春子，二月惊蛰亥，三月清明戌，四月立夏酉，五月芒种申，六月小暑未，七月立秋午，八月白露巳，九月寒露辰，十月立冬卯，十一月大雪寅，十二月小寒丑。

白话译释

正月立春在子，二月惊蛰在亥，三月清明在戌，四月立夏在酉，五月芒种在申，六月小署在未，七月立秋在午，八月白露在巳，九月寒露在辰，十月立冬在卯，十一月大雪在寅，十二月小寒在丑。

天符经

正月娵訾亥，二月降娄戌，三月大梁酉，四月实沈申，五月鹑首未，六月鹑火午，七月鹑尾巳，八月寿星辰，九月大火卯，十月析木寅，十一月星纪丑，十二月玄枵子。

白话译释

这里说的是十二星次与十二辰（地支）的配合问题。古人把黄道附近一周天的十二等分，由东向西配以子、丑、寅、卯等十二支，称为十二辰，其方向和顺序正好十二星次相反。再和月份配合，可以纪月。三者的配合情况如原文。

十二支神将

申（白虎、传送）酉（太阴、从魁）
戌（天空、河魁）亥（神元武、将登明）
未（太常、小吉）子（神天后、将神后）
午（朱雀、胜光）丑（神天乙、将大吉）
巳（螣蛇、太乙）辰（勾陈、天罡）
卯（六合、太冲）寅（神青龙、将功曹）

歌云："用时支上加月建，建除满平一顺流，定执破危相接去，成收开闭掌中周，除定危开为四户，此方有难来逃避"。以月建加用时顺数，如寅月寅时，于寅上起建，卯为除，午为定，酉为危，子为开，三奇临之大吉；若得三吉门更佳，余仿此。

如九月戌建用巳时，则以戌加巳上，建在巳，除在午，午为地户，满在未，平在申，定在酉，酉为地户，执在戌，破在亥，危在子，子为地户，成在丑，收在寅，开在卯，卯为地户，闭在辰，子午卯酉四宫为地四户，俱吉。

白话译释

古人用天上十二辰分别象征十二种人事的情况，即：建、除、满、平、定、执、破、危、成、收、开、闭。由于其数为十二，其首二字为"建""除"，因此称为“建除十二直”或“建除十二客”“建除十二神”。

歌云：用时支加上月建，把建、除、满、平、定、执、破、危、成、收、开、闭依次排下去。其中的除、定、危、开为四户。

方法是：以月建加用时顺数，例如：寅月寅时，在寅上起建，卯为“除”，午为“定”，酉为“危”，子为“开”。三奇临四户大吉，若得三吉门则更佳。余仿此。

又如：九月戌建，用巳时，就以戌加巳上，“建”在巳，”除”在午。午为地户。“满”在未，“平”在申，“定”在酉，酉为地户。“执”在戌，“破”在亥，“危”在子，子为地户。“成”在丑，“收”在寅，“开”在卯，卯为地户。“闭”在辰，子、午、卯、酉四宫为地户。都吉利。

地私门

以天月将加用时，春贵神所迫何宫，即于贵神上起贵神，螣蛇、朱雀、六合、勾陈、青龙、天空、白虎、太常、玄武、太阴、天后顺逆而行，阳贵神出于先天之神，子上起甲子，顺布乙癸，在丑，寅与乙合，戊与癸合取于德为贵神，故庚戊二干阳贵神在丑也。巳午在未申与巳合，故甲午阳贵神在未也。自亥至辰为阳贵顺流，自巳至戌为阴贵逆行，若得太阴太常六合之神与奇门同临其方，百事大吉。阳时宜击，阴时宜陕，阳先举，阴后应。凡欲专者谓破，而击者陕者密而去之，其败军宜向六合下走，得出也。

以六合太阴大常三辰依图推，看何方日支，自子至巳为阳，用阳贵神，自午至亥为阴，用阴贵神。

假如丁亥日，亥为阳日，丙丁猪鸡位则亥猪为阳日贵神。须将贵神加亥上顺数去，却着六合太阴太常在何处，即是地私门。只是论日不论时，然须得奇门方可用。

又一例。审太阳过官以月将加用时，寻本日贵神起星求地私门。如正月亥加甲日辰时，即以亥加辰顺数去，寻本日阳贵，未到子阳贵周顺行，则螣蛇在丑，朱雀在寅，六合在卯，为地私门。勾陈在辰，青龙在巳，天空在午，白虎在未，太常在申，为地私门。玄武在酉，太阴在戌，为地私门。天后在亥，如用阴贵，亦以亥加辰。阴贵丑到午，阴贵逆行，则螣蛇在巳，朱雀在辰，六合地卯，为地私门；勾除在寅，青龙在丑，天空在子，白虎在亥，太常在戌，为地私门；玄武在酉，太阴在申，天后在亥，为地私门；余皆仿此。

白话译释

以天月将加用时，看贵神所迫的是哪一宫，然后就在贵神上起贵神，螣蛇、朱雀、六合、勾陈、青龙、天空、白虎、太常、玄武、太阴、天后先顺后逆而行，阴贵神出于先天之神，在子上起甲子，顺布乙癸，在丑、寅与乙合，在戌与癸合，取于德为贵神，所以庚、戊二干的阳贵神在丑。巳午在未申与巳合，所以甲、午二干的阳贵神在未。从亥到辰为阳贵顺流，从巳到戌为阴贵逆行，如果有太阴、太常、六合三神与奇门同时加临其上，则百事大吉。阳时宜去，阴时宜陕，阳先行动，阴后为应。凡欲专者称为“破”，而去者和陕者就秘密去，其败走的队伍应当向六合之下走，这样就能够脱出险境了。

以六合、太阴、太常三辰按上图推下去，看日支，从子到巳为阳，用阳贵神，自午至亥为阴，用阴贵神。

举例说：丁亥日，亥为阳日，在丙丁猪鸡位，亥猪为阳日贵神，应当把贵神加亥上顺行数去，再看六合、太阴、太常三辰在何处，它们所在之处就是地私门。推算的时候，只论日不论时，然而须得奇门才可运用。

再举例：着太阳所过之宫，以月将加用时，寻找本日贵神起于何星来求地私门。如正月亥加甲日辰时，就以亥加辰顺行数去，寻找本日阳贵神，未到子阳贵顺行，那么螣蛇就在丑，朱雀在寅，六合在卯，它们就是地私门。勾陈在辰，青龙在巳，天空在午，白虎在未，太常在申，它们就是地私门。玄武在酉，太阴在戌，它们就是地私门。天后在亥，如果用阴贵，也以亥加辰，阴贵丑到午，阴贵逆行，那么螣蛇在巳，朱雀在辰，六合在卯，它们就是地私门。勾陈在寅，青龙在丑。天空在子，白虎在亥，太常在戌，它们就是地私门。玄武在酉，太阴在申，天后在亥，它们就是地私门。余仿此。

卷十六

黄黑道日时

凡子午月日，申上起青龙，所谓子午从申起是也。丑未月日，戌上起青龙，即丑未戌上寻是也。寅申月日，子上起青龙，即寅申居子位是也。卯酉月日寅上起青龙，即卯酉却加寅是也。辰戌月日，辰上起青龙，即辰戌龙位上是也。巳亥月日，午上起青龙，即所谓巳亥午中行是也。如正月二十六庚戌日寅月，子上起道字，数至戌遇还字是黄道日。又戌日辰上起道字，巳上遇远字，申酉遇通达二字，亥上遇遥字，寅上遇远字，辰巳申酉亥寅六时皆是黄道时也。余仿此。

青龙、明堂及天刑、朱雀、金匮、天德、白虎、玉堂、天牢、玄武、司命及勾陈。

青龙、明堂、金匮、天德、玉堂、司命为黄道。天刑、朱雀、白虎、天牢、玄武、勾陈为黑道。歌曰：道远几时通达，路遥何日还乡。

白话译释

凡是子午月、子午日，都从申上起青龙，这就是所说的“子午从申起”的含义。

凡是丑未月、丑未日，都从戌上起青龙，这就是所说的“丑未从戌上寻”的含义。

凡是寅申月、寅申日，都从子上起青龙，这就是所说的“寅申居子位”的含义。

凡是卯酉月、卯酉日，都从寅上起青龙，这就是所说的“卯酉却加寅”的含义。

凡是辰戌月、辰戌日，都从辰上起青龙，这就是所说的“辰戌龙位上”的含义。

凡是巳亥月、巳亥日，都从午上起青龙，这就是所说的“巳亥午中行”的含义。

例如正月二十六日为庚戌日，这个月为寅月，子上起“道”字，数到戌遇“还”字，这就是黄道日。又如戌日辰上起“道”字，巳上遇“远”字，申酉上遇“通”“达”二字，亥上遇“遥”字，寅上遇“远”字，那么辰、巳、申、酉、亥、寅六时都是黄道时。余仿此。

涉及的神煞有青龙、明堂、天刑、朱雀、金匮、天德神、白虎、玉堂、天牢、玄武、司命、勾陈。其中青龙、明堂、金匮、天德、玉堂、司命为黄道；天刑、朱雀、白虎、天牢、玄武、勾陈为黑道。有歌曰：路远何时能到达，何日能回乡。

定黄黑道

正七起子二八寅。三九原来却在辰，四十须知午上起，五月十一并居申，六十二月起于戌，黄道为吉黑道凶。

白话译释

正月、七月从子位起，二月、八月从寅位起，三月、九月从辰位起。

四月、十月从午位起，五月、十一月从申位起，六月、十二月从戌位起。

黄道为吉，黑道为凶。

三德日方

日支	子日	丑日	寅日	卯日	辰日	巳日	午日	未日	申日	酉日	戌日
阳德方	丙	丙	丙	庚	庚	庚	壬	壬	壬	甲	甲
阴德方	乙	乙	庚	丁	丁	壬	辛	辛	甲	癸	癸
人德方	庚	辛	乾	壬	癸	艮	甲	乙	巽	丙	丁

凡为百事，远行、见长吏贵人诸方事，出阴德方，入阳德方，从人德方去。若避难免祸，出阳德方，从人德方去，纵遇凶险，皆变为吉。

白话译释

凡是干各种事情。外出远行，拜见长官、贵人，应当出阴德方，入阳德方，从人德方去。如果是避难远祸，则出阳德方，从人德方去，纵然遇到凶险，也都会化凶为吉。

喜神方位

甲己寅卯喜，乙庚辰戌强，丙辛申酉上，戊癸巳亥良，丁壬午未向，此是喜神方。

如甲己之日，寅卯二方乃喜神所在也。余仿此。凡出行赌戏，宜向之。

白话译释

喜神方位是：甲、己日在寅位和卯位，乙、庚日在辰位和戌位，丙、辛日在申位和酉位，戊、癸日在巳位、亥位，丁、壬日在午位和未位。

例如甲日、己日，寅位、卯位就是喜神所在之位。余仿此。凡是外出远行、赌博游戏，应向喜神之方。

六甲青龙

甲子旬，子上起青龙，甲戌旬，戌上起青龙，甲申旬，申上起青龙之类。

白话译释

甲子旬，子位上起青龙；甲戌旬，戌位上起青龙；甲申旬，申位上起青龙。诸如此类。

安　宫

乾甲离壬寅午戌，艮丙辛上是贪狼。
坤乙坎癸申子辰，坤壬乙上是贪狼。

巽辛兑丁巳酉丑，乾申庚上是贪狼。

艮丙震庚亥卯未，巽艮丁上是贪狼。

白话译释

乾宫安甲，离宫安壬寅午戌，艮宫安丙辛，是贪狼星；

坤宫安乙，坎宫安癸申子辰，坤宫安壬乙，是贪狼星；

巽宫安辛，兑宫安丁巳酉丑，乾宫安庚申，是贪狼星；

艮宫安丙，震宫安庚亥卯未，巽宫、艮宫安丁，是贪狼星。

安 营

六甲起青龙，大将居之。

六乙为蓬星，旗鼓居之。

六丙为明堂，次将居之。

六丁为太阴，出入私路，探听军情，脱身隐匿。

六戊为天门，又为军门，吉事出入。

六己为地户，伏兵凶事，出入躲藏。

六庚为天狱，宜积粮草。

六辛为天庭，判断斩决。

六壬为天牢，宜积蓄。

六癸为华盖，又为天藏，若欲脱难，入太阴出天藏而去。

白话译释

六甲起青龙，大将居于此处。

六乙起蓬星，旗鼓居于此处。

六丙起明堂，次将居于此处。

六丁为太阴，宜于出入小路，探听军情，脱身藏匿。

六戊为天门，又为军门，有吉事可以从此出入。

六己为地户，宜于伏兵、行凶，出入躲藏。

六庚为天狱，宜于积存粮草。

六辛为天庭，宜于判断官司、执行斩刑。

六壬为天牢，宜于积蓄粮草；

六癸为华盖，又为天藏，如果想摆脱危难，入太阴出天藏而去即可。

安营垒而有庆，攻击敌以无乖

《三元经》曰：大将兵四出，统众安营，必取其法。以六甲为首，十时一易。

真卓曰：以岁月旬而为，或依岁月，或取六甲旬首而推排之。

大将居青龙甲，旗鼓居蓬星乙，士卒居明堂丙，伏兵居太阴丁。军门居天门戊，小将居地户己，斩伐居天狱庚，判断居天庭辛，囚击粮储居天牢壬，天藏居华盖癸。

白话译释

《三元经》说："统率士兵四出征战，领导士兵安营，必须选择这一方法。以六甲为首，十个时辰变换一次。"

真卓先生说：以一年、一月、一旬进行安排，或者按年月，或者取六甲旬头而推排下去。

六甲日，大将居青龙；

六乙日，旗鼓居天蓬；

六丙日，士卒居明堂；

六丁日，伏兵居太阴；

六戊日，军门居天门；

六己日，小将居地户；

六庚日，斩伐居天狱；

六辛日，判断居天庭；

六壬日，囚击粮储居天牢；

六癸日，天藏居华盖。

忌阴府

乾甲兑丁丑忌乙庚，坤乙坎癸甲辰忌丙辛，离寅壬戌忌丁壬，震艮亥未忌戊癸，巽辛艮丙忌甲己。

白话译释

乾宫安甲、兑宫安丁丑，忌乙庚；坤宫安乙、坎宫安甲辰，忌丙辛；离宫安寅壬戌，忌丁壬；震宫、艮宫安亥未，忌戊癸；巽宫安辛、艮宫安丙，忌甲己。

二十八宿阴晴日

轸角阴来往返晴，亢宿吹沙起大风，
氐房心尾风声起，箕斗云雾雨蒙蒙，
每见奎光天日睹，胃娄雨声阴冻冻，
昴毕原来又转晴，遇觜参井大风起，
鬼日天阴晚后晴，柳星值日云雾晴，
张翼日色却烘烘。

白话译释

轸宿、角宿，主阴天、阴转晴；
亢宿，主大风；氐宿、房宿、心宿、尾宿，主风乍起；
箕宿、斗宿，主云雾、小雨；奎宿，主晴天；
胃宿、娄宿，主雨天；
昴宿、毕宿，主晴天；
觜宿、参宿、井宿，主大风；
鬼宿，主白天阴、晚上晴；
柳宿、星宿，主云雾转晴；
张宿、翼宿，主晴暖天气。

每月凶星

天上凶星不自由，正七在开二八收，
三九逢危四十执，五十一月向平流，
六十二月除中见，拜职求官万事休。

白话译释

古代历书以建除十二客（又称十二直、十二神、十二辰）纪日，十二客为建、除、满、平、定、执、破、危、成、收、开、闭。以十二客与十二地支相配，用来占日的吉凶。二者相配的情况是：

正月、七月，凶星在开即子时；

二月、八月，凶星在收即亥时；

三月、九月，凶星在危即酉时；

四月、十月，凶星在执则未时；

五月、十一月，凶星在平即巳时；

六月、十二月，凶星在除即卯时；

逢此，拜职求官，事事不能实现。

定太阳出没时刻长短歌

正九出乙入庚方，二八出兔入鸡场，
三七发甲入辛地，四六出寅入戌方，
五月生艮归乾上，仲冬出巽入坤方，
惟有十月与十二，出辰入申仔细详。

白话译释

正月、九月太阳出于乙方，入于庚方；

二月、八月太阳出于卯方，入于酉方；

三月、七月太阳出于甲方，入于辛方；

四月、六月太阳出于寅方，入于戌方；

五月太阳出于艮方，入于乾方；

十一月太阳出于巽方，入于坤方；

十月、十二月太阳出于辰方，入于甲方。

定寅时歌诀

正九五更四点彻，二八五更二点歇，
三七平光是寅时，四六日出寅无别，
五月日高三丈地，十月十二四更二，
仲冬才到四更初，此是寅时须切记。

白话译释

正月、九月，五更四点之后；
二月、八月，五更二点之后；
三月、七月，黎明时分；
四月、六月，日出时分；
五月，太阳离地三丈高；
十月、十二月，四更二点之后；
十一月，四更初，这些都是寅时，须记劳。

八门断决

要求市价出生方，捕捉须经死路强，
欲问远行开户去，休门最好谒君王，
索债伤门多称意，社门有事可潜藏，
捕捉惊门宜词讼，献策酒食出景乡，
觅贵参官须用开，求财觅利奔休来，
避难求官生上去，伤门索债可相催，
寻人觅故须逢景，钓鱼猎射死门该，
擒贼捕盗死门好，杜门走失不能回。

白话译释

占测市价，看生门；
捕捉遗亡者，看死门；

占测远行，看开门；

晋见君王，看休门；

占测讨债，看伤门；

有事潜藏，看杜门；

捕捉、打官司，看惊门；

献策、赴宴，看景门；

拜见贵人、官员，看开门；

求财取利，看休门；

避难辞官，看生门；

讨债催帐，看伤门；

寻人、访友，看景门；

钓鱼、打猎、比武，看死门；

擒贼捕盗，看死门；

寻找走失者，看杜门，但走失者不会回来。

孤虚法

黄石公曰：背孤击虚，一女可敌十人。古法：十人用时孤，百人用日孤，千人用月孤，万人用年孤。惟时孤最验。

甲子旬，孤在戌亥，虚在辰巳；甲戌旬，孤在申酉，虚在寅卯之类。余仿此。旺气十倍，相气五倍，休气如数，囚气减少，死气减半也。

白话译释

孤虚，又称孤辰，空亡（无）。天干为日，地支为辰，日辰不全即干支不全为孤空。孤虚主百事不成。

黄石公说：背孤击虚，一个女人也可以抵挡十个人。古法：十个人用时孤，一百个人用日孤，一千个人用月孤，一万个人用年孤。其中，只有时孤最为灵验。

甲子中的甲子旬，孤在戌亥，虚在辰巳；甲戌旬，孤在申酉，虚在寅卯，等等。余仿此。见旺气其力十倍，相气其五倍，休气如数（不增也不减），囚气减少，死气减半。

博弈胜负

金匮云：得与无视孤虚谓樗蒲博弈，以正时、六甲旬，孤上坐者胜，虚上坐者负；又多以三奇吉门斗罡，以构指他人必胜。

白话译释

金匮云：下棋的胜负看孤虚的情况。六甲旬中，下棋者居于孤上者胜，居于虚上者败。还要参看三奇、吉门、斗宿、天罡的情况，如果斗柄指别人必胜。

博弈，下棋。

五帝旺气坐向方位

正五九月正南方，面北大胜；二六十月正东方，面西大胜；三七十一月正北方，面南大胜；四八十二月正西方，面东大胜。

白话译释

正月、五月、九月，在正南方，面向北者大胜；

二月、六月、十月，在正东方，面向西者大胜；

三月、七月、十一月，在正北方，面向南者大胜；

四月、八月、十二月，在正西方，面向东者大胜。

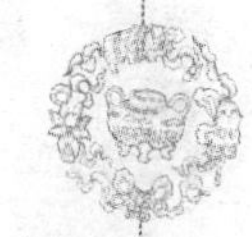

涉险危论

经曰：九山河水际深大为绝，过山朦胧为天牢，过绝人者为天罹。蒹葭者，众摹也，潢者，池也，险者，疾也。高下有水之处天井者，坑下也，翳荟者，屏蔽之处也。此地情形，兵不得转移者，贼从利方上来，即视天时如阳时，令士卒皆袒前左肩，引声大呼，鸣钟鼓而先击之。若阴时，令士卒皆衔枚驻车立马，桴鼓静以待之。倘贼人四面围迫，当分军马为三部，一部居

月建上，一部居月德上（一云居日月德上），一部居生神上（即每月建逢开是生神时冲逢死气）。月德正从未顺行，日德正从亥逆数，时德辰亥子、丑逢申酉戌巳午未寅十二卯上胜。

一云大将居亭亭上，引兵击之大队，生神，一作生门。

白话译释

经书上说：九山河水深大，为绝；过山朦胧，为天牢；过绝人，为天罹：蒹葭，指各种草；潢，水池；险，疾；高山的下边有水之处如天井，为坑下；树荫苹丛遮蔽之处，为翳荟。处在这种境况之中，士兵不得转移，而贼寇又从有利的方向攻过来，就看天时，如果是阳时，就命令士兵都脱下左边的衣袖，袒露出左肩臂，高声大叫大喊着，并使钟鼓齐鸣，先发制人，向贼寇发动突然袭击。如果是阴时，命令士兵都衔枚（嘴里衔一根小木棒），停车立马，不再击鼓，静待贼寇。假若贼寇从四面包围逼迫过来，应当分兵马为三部分，让一部分居于月建之上，一部分居于月德之上（一说为居于日月德之上），一部分居于生神上（即每月建逢开是生神，时冲逢死气）。月德正从未方顺行，日德正从亥方逆数，时德辰亥子、丑逢申酉戌巳午未寅十二卯上，则会获胜。

一说为大将居于亭亭即无乙贵人之上，引兵攻击贼寇，必大胜。

生神，一作生门。

亭亭白奸

王璋曰：亭亭者，天乙贵人也，背之而去其冲。其法：以月将加时神后下是。歌曰：常从此地击其冲。

如正月雨水节，太阳过亥宫之后，仍用登明天月将，将即太阳也。如午时用事，即以亥将加午上，子加未上，是为亭亭在未，宜背之。背之者，或坐其上而去对冲也。又一法曰：子在己丑日，在未，顺行十二宫。

白奸者，天之奸人也。合于巳亥，格于寅申，当合之时，宜背之；当格之时，背亭亭向白奸。其法以月将加寅时午戌三宫，见寅申巳亥四孟神，即是白奸所在。

如正月雨水节，太阳过亥宫，或午时用事以登明亥将加午上，以亥临午即为白奸在午之数。

寅申巳亥为四孟神。

又一法：寅午戌日，白奸在亥；亥卯未日，白奸在寅；申子辰日，白奸在巳，巳酉丑日，白奸在申。

白话译释

王璋说：亭亭，就是天乙贵人，背之而去其对冲之方。方法是：以月将加时神之后，下位就是。歌曰：常从此地攻击其对冲之方。

例如：正月雨水节，太阳过了亥宫之后，仍然用登明天月将，将即太阳。假如午时使用，就以亥将加在午位之上，子将加在未位之上，这称为亭亭在未位，应当背之。所谓背之，就是居于其位之上而攻击其对冲之位。还有一种方法：子将在已丑日，在未时，顺行十二宫，即是亭亭。

所谓白奸，就是天的奸人。白奸合于己亥，格于寅申，当合的时候，应当背之；当格的时候，则背亭亭而向白奸。方法是：以月将加寅时午戌三宫，见寅申巳亥四孟神，就是白奸所在的位置。

例如正月雨水节，太阳过亥宫之后，或者午时做事以登明亥将加在午位之上，亥临午就是白奸在午。

这里的寅、申、巳、亥，是四孟神，另一种推算方法是：寅、午、戌日，白奸在亥；亥、卯、未日，白奸在寅；甲子辰日，白奸在巳；巳、酉、丑日，白奸在申。

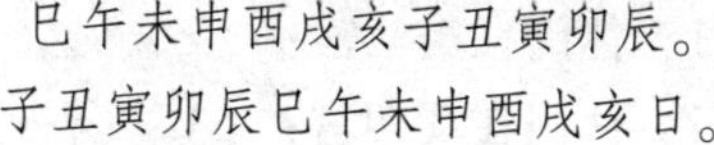

亭亭方

巳午未申酉戌亥子丑寅卯辰。

子丑寅卯辰巳午未申酉戌亥日。

白话译释

亭亭逐日所在之方：

日	子	丑	寅	辰	巳	午	申	酉	戌	亥
亭亭方	巳	午	未	酉	戌	子	丑	寅	卯	辰

白奸方

巳申亥寅巳申亥寅巳申亥寅。

白话译释

白奸逐日所在之方：

日	子	丑	寅	卯	辰	巳	午	未	申	酉	戌	亥
白奸方	巳	申	亥	寅	巳	申	亥	寅	巳	申	亥	寅

日家奇门歌诀

甲戊壬子起坎，丁辛乙卯坤休，庚甲戊午震中求，巽到癸丁辛酉。

庚丙鼠行干上，己癸兔走西畴，壬丙骑马艮山头，乙己鸡飞离九。

其法：一卦管三日，如甲子乙丑丙寅三日于坎宫起休门，丁卯戊辰己巳三日于坤宫起休门，依九宫次序，三日一换局，去中五不用符，休门既定，然后从八卦定方位也。

白话译释

甲子、戊子、壬子日，休门在坎一宫；

丁卯、辛卯、乙卯日，休门在坤二宫；

庚午、甲午、戊午日，休门在震三宫；

癸酉、丁酉、辛酉日，休门在巽四宫；

庚子、丙子日，休门在乾六宫；

己卯、癸卯日，休门在兑七宫；

壬午、丙午日，休门在艮八宫；

乙酉、己酉日，休门在离九宫。

方法是：一卦管三日，如甲子、乙丑、丙寅日，在坎一宫起休门；丁卯、戊辰、己巳日，在坤二宫起休门，等等。按照九宫的次序，三日换一局，去掉中五宫不用直符，休门是既定的，不改变，然后按八卦定方位。

八门三奇出行定局

甲子乙丑丙寅，戊子己丑庚寅，壬子癸巳甲寅，休坎，死坤，伤震，杜巽，开乾，惊兑，生艮，景离。

丁卯戊辰己巳，辛巳壬辰癸巳，乙卯丙辰丁巳，休坤，死震，伤巽，杜乾，开兑，惊艮，生离，景坎。

庚午辛未壬申，甲午乙未丙申，戊午己未庚申，休震，死巽，伤乾，杜兑，开艮，惊离，生坎，景坤。

癸酉甲戌乙亥，丁酉戊戌己亥，辛酉壬戌癸亥，休巽，死乾，伤兑，杜艮，开离，惊坎，生坤，景震。

丙子丁丑戊寅，庚辛子丑壬寅，休乾，死兑，伤艮，杜离，开坎，惊坤，生震，景巽。

乙卯庚辰辛巳，癸卯甲辰乙巳，休兑，死艮，伤离，杜坎，开坤，惊震，生巽，景乾。

壬午癸未甲申，丙午丁未戊申，休艮，死离，伤坎，杜坤，开震，惊巽，生乾，景兑。

乙酉丙戌丁亥，己酉庚戌辛亥，休离，死坎，伤坤，杜震，开巽，惊乾，生兑，景艮。

白话译释

甲子、乙丑、丙寅日，戊子、己丑、庚寅日，壬子、癸巳、甲寅日，休门在坎一宫，死门在坤二宫，伤门在震三宫，杜门在巽四宫，开门在乾六官，惊门在兑七宫，生门在艮八宫，景门在离九宫。

丁卯、戊辰、己巳日，辛巳、壬辰、癸巳日，乙卯、丙辰、丁巳日，休门在坤二宫，死门在震三宫，伤门在巽四宫，杜门在乾六宫，开门在兑七宫，惊门在艮八宫，生门在离九宫，景门在坎一宫。

庚午、辛未、壬申日，甲午、乙未、丙申日，戊午、己未、庚申日，休门在震三宫，死门在巽四宫，伤门在乾六宫，杜门在兑七宫，开门在艮八宫，惊门在离九宫，生门在坎一宫，景门在坤二宫。

癸酉、甲戌、乙亥日，丁酉、戊戌、己亥日，辛酉、壬戌、癸亥日，休门在巽四宫，死门在乾六宫，伤门在兑七宫，杜门在艮八宫，开门在离九宫，

惊门在坎一宫，生门在坤二宫，景门在震三宫。

丙子、丁丑、戊寅日，庚辛、子丑、壬寅日，休门在乾六宫，死门在兑七宫，伤门在艮八宫，杜门在离九宫，开门在坎一宫，惊门在坤二宫，生门在震三宫，景门在巽四宫。

乙卯、庚辰、辛巳日，癸卯、甲辰、乙巳日，休门在兑七宫，死门在艮八宫，伤门在离九宫，杜门在坎一宫，开门在坤二宫，惊门在震三宫，生门在巽四宫，景门在乾六宫。

壬午、癸未、甲申日，丙午、丁未、戊申日，休门在艮八宫，死门在离九宫，伤门在坎一宫，杜门在坤二宫，开门在震三宫，惊门在巽四宫，生门在乾六宫，景门在兑七宫。

乙酉、丙戌、丁亥日，己酉、庚戌、辛亥日，休门在离九宫，死门在坎一宫，伤门在坤二宫，杜门在震三宫，开门在巽四宫，惊门在乾六官，生门在兑七宫，景门在艮八宫。

日家九星歌诀

甲子艮宫加太乙，摄提轩辕招摇游，天符青龙咸池继，太阴天乙顺行流。太乙青龙太阴天乙吉，天符轩辕中平，摄提招摇咸池凶。

如甲子日，以太乙加艮宫顺行；甲戌加离；甲申加坎；甲午加坤；甲辰加震；甲寅日，以太乙加巽宫。

白话译释

这里的九星及其次序是：

一、太乙　二、摄提　三、轩辕

四、招摇　五、天符　六、青龙

七、咸池　八、太阴　九、天乙

甲子日艮八宫加太乙，离九宫加摄提，坎一宫加轩辕，坤二宫加招摇，震三宫加天符，巽四宫加青龙，中五宫加成池，乾六宫加太阴，兑七宫加天乙。

例如甲子日，以太乙加艮八宫，依次顺行类推。甲戌日，以太乙加离九宫；甲申日，以太乙加坎一宫；甲午日，以太乙加坤二宫；甲辰日，以太乙加震三宫；甲寅日，以太乙加巽四宫，等等。

大八门逐日出行诀

冬至、小寒、大寒、立春：

甲戌壬子居坎，丁辛乙卯坤宫，戊庚甲马震宫来，癸酉丁辛巽在庚，丙鼠逢乾位，己癸兔走西街，丙壬午马艮游台，乙巳鸡飞离界。

雨水、惊蛰、春分、清明：

甲戌壬子居兑，丁辛乙卯八宫，戊庚甲马柱离中，癸酉丁辛坎用庚，丙鼠行坤位已，癸兔行东宫，丙壬午马巽为风，乙巳鸡飞乾应。

谷雨、立夏、小满、芒种：

甲戌壬子居巽，丁辛乙卯乾方，戊庚甲马兑宫藏，癸酉丁辛艮向庚，

丙子行离位巳，癸兔走北方，丙壬午马在坤冈，乙巳酉归震上。

夏至、小暑、大暑、立秋：

甲戌壬子离位，丁辛乙卯北居，戊庚甲马在坤期，癸酉丁辛震在庚，丙鼠归巽上已，癸兔走乾室，丙壬午马兑宫告，乙巳鸡飞艮地。

处暑、白露、秋分、寒露：

甲戌壬子居震，丁辛乙卯东南，戊庚甲马却行，乾癸酉丁辛兑换庚，丙鼠逢艮位已，癸兔走离轩，丙壬午马坎宫眠，乙巳鸡飞坤转。

霜降、立冬、小雪、大雪：

甲戌壬子乾位，丁辛乙卯酉宫，戊庚甲马艮相逢，癸酉丁辛离应庚，丙鼠行坎位已，癸兔坤官，丙壬午马震官与，乙巳鸡逢巽用。

冬至四气，首云戊壬子居坎，乃休门在坎也，丁辛乙卯坤，设乃休门在坤也，三日换一门，五日换一奇。

夏至四气，甲子乙丑丙寅戊子己丑庚寅壬子癸丑甲寅，仍是休门在离，所谓甲戌壬子离位也，三日换一门，五日换一奇。余仿此。

白话译释

“冬至、小寒”至“乙巳鸡逢巽用”白话译释略。

方法是：冬至四气，首先说“戌壬子居坎”，意思是休门在坎一宫；丁辛乙卯坤宫，意思是休门在坤二宫。排法是三日换一门，五日换一奇。

夏至四气，甲子、乙丑、丙寅、戊子、己丑、庚寅、壬子、癸丑、甲寅，仍然是休门在离九宫，这就是所谓“甲戌壬子离位”。排法也是三日换一门，

五日换一奇。余仿此。

每日出行八门捷诀

向三吉门行，大吉。

甲乾丙辰戊子风，庚震壬坎起休门。
乙卯东南丁卯火，巳兑辛乾癸卯东，
中离丙兑戊西北，庚午东南壬午坤，
乙酉丁山坤老母，辛酉南行癸酉东，
此是居处真休门，母官三日顺排轮。

白话译释

向三吉门即休门、开门、生门出行，大吉大利。甲在乾宫丙辰，戊子在巽宫，庚在震宫，壬在坎宫起休门。乙卯在巽宫，丁卯在震宫，巳在兑宫，辛在乾宫，癸卯在震宫。丙在中宫、离宫、兑宫，戊在乾宫，庚午在巽宫，壬午在坤宫。乙酉丁在艮宫、坤宫，辛酉在离宫，癸酉在震宫。

日家九星

甲子为头起艮，甲戌飞人离宫，猿猴来人水晶宫，甲午坤中不动．曾见龙兴震地，更见虎啸生风，九星殿上显能功，太乙临之发用。

白话译释

甲子旬第一天从艮八宫起太乙；甲戌旬第一天从离九宫起太乙；甲中旬第一天从坎一宫起太乙；甲午旬第一天从坤二宫起太乙；甲辰旬第一天从震三宫起太乙；甲寅旬第一天从巽四宫起太乙。

卷十七

八门总决

奇到开门宜出行，休门上书并理讼，
生门婚姻堪入宅，伤门索债终须中，
杜门逃闪并塞穴，思量酒肉景门动，
死门捕猎并上阵，惊门祈雨并伏众。

白话译释

乙、丙、丁三奇到开门，宜于外出远行；
乙、丙、丁三奇到休门，宜于官员上书奏事和审理官司；
乙、丙、丁三奇到生门，宜于男婚女嫁；
乙、丙、丁三奇到伤门，宜于讨债，凡讨债终能成功；
乙、丙、丁三奇到杜门，宜于逃避和潜藏；
乙、丙、丁三奇到景门，有酒肉之福；
乙、丙、丁三奇到死门，宜于打猎和上阵打仗；
乙、丙、丁三奇到惊门，宜于求雨和威伏众人。

门迫宫迫

宫制其门是为门迫，门制其宫是为宫迫，宫迫谓之制，门迫谓之宫，吉门被迫，则吉事不成，凶门被迫，则凶灾甚。

白话译释

宫制门称为门迫，门制宫称为宫迫。

宫迫称为制，门迫称为宫。

吉门如果被迫，那么吉事就不会成功；凶门被迫，那么凶灾就会更加凶险。

月建属九星出行歌诀

建计除阴备罗喉，平定外贪执水破，
破木危阳成是土，收紫开金闭月孛，
建为青龙用为头，除是明堂黄道游，
满为天刑平朱雀，定为金匮吉神求，
执为天德直黄道，破为白虎危玉堂，
成为天牢固坚守，收为玄武盗贼愁，
开为司命临黄道，勾陈为闭主亡流，
黄道出行为大吉，行军战斗黑道忧。

凡犯天刑者，出军必伤，主颠犯六畜死亡之事。满为天刑。

犯天牢者，人伤贼害亡财失利。成为天牢。

犯玄武者，亡失财利，逃走奴婢，遭贼劫，伤胎孕。收为玄武。

犯青龙者，父母兄弟长殒死入狱，逃亡遭贼，主凶恶事。建为青龙。

犯朱雀者，困死见血光亡财于地。平为朱雀。

犯白虎者，治明堂。破为白虎，除为明堂。

犯天牢者，治玉堂。成为天牢，危为玉堂。即此处以压彼处以消灾，有大功。

伍子胥曰："凡运行诸事，不往天庭（辛）、天狱（庚）、天牢（壬）三神上去，大凶；当乘青龙（甲），历逢星（乙），百恶不敢起，大吉。"

白话译释

建为计都星，除为大阳，又为罗喉星；平为外厨星，定为贪狼星，执和破为水星。

危为木星、太阴，成为土星；收为紫气星，开为金星，闭为月孛星。

建为青龙，除是明堂居于黄道。

满为天刑，平为朱雀，定为吉神金匮。

执为天德居于黄道，破为白虎，危为玉堂。

成为天牢，宜于坚守；收为玄武，令盗贼发愁即宜于防范盗贼。

开为司命居于黄道，闭为勾陈主逃亡。

黄道利于出行，主大吉；黑道不利于行军战斗，主忧危。

凡是冲犯天刑者，出兵打仗必受损伤，六畜即马、牛、羊、鸡、狗、猪必死。

冲犯天牢者，人受贼寇伤害，财产受损或丢失，打仗失利。成为天牢星。

冲犯玄武者，损失财产利息，奴婢逃走，遭贼抢劫，伤害胎儿、孕妇。收为玄武星。

冲犯青龙者，父母兄弟早死或入狱，逃亡遭贼，主凶恶之事。建为青龙星。

冲犯朱雀者，主死亡或血光之灾，地下财宝丢失。平为朱雀星。

冲犯白虎者，治明堂。破为白虎星，除为明堂星。

犯天牢者，治玉堂。成为天牢，危为玉堂。即此处以压级处以消灾，有大功。

伍子胥说："凡是外出远行这些事，不往天庭（属辛干）、天狱（属庚干）、天牢（属壬干）这三个神煞的方向上去，这里主大凶；应当往青龙（属甲干）、历逢星（属乙干）方向上去，此时百恶不敢起，大吉大利。"

大金刚神值日百忌诗诀

奎娄角亢鬼牛星，出军定是不凡程，
若还运行逢盗贼，营求财利百无成，
登船定是遭沉溺，买卖交关不称情，
穿井用功难见水，拜职为官剥重名，
婚姻仍主刑损害，出丧撞着损生灵，
欲识星辰吉凶处，出在天符秘密经。

白话译释

奎宿、娄宿、角宿、亢宿、鬼宿、牛宿，出兵打仗逢到以上星宿，战绩

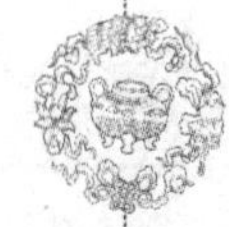

必定不凡。

但是如果在运行中遇见盗贼即玄武，要想谋求发财得利，则百事不成。如果乘船，必定翻船沉入水中淹死，做买卖、搞交易不会称心如意。如果打井，无论下多少功夫也不会出水，即使做了官，也会被罢官免职。办理婚姻大事会受伤害，出丧埋葬死人逢到以上星宿，活人会损伤。要想知道星辰出于何方为吉，何方为凶，应当认真读一读《天符秘密经》。

易数总断

玉册天元减至理，分丁役甲洛书敷。
阴阳变化互逆顺，三五错综并九丘。
遁日三才天地人，龙虎风云及鬼神。
中土生中附神位，八卦推行列八门。
中造化露天机，上可凌虚升步飞。
中可测推谨趋避，藏神合朔卜时期。
出行造葬为百利，今古几人能尽知。
一千八百轩辕制，子房十八局法逡。
智慧通神能运微，四十八格难推致。
予今复古演成书，易数通微可精义。
中人不知能推详，跬步登阶天衢长。
冲辅禽任心最吉，三奇加互发祯祥。
直符直使嫌冲击，开休生门为上吉。
大概要察候与节，奇门造葬合龙穴。
开基斩草及行商，动用作为占方向。
勿度勿疑勿反顾，至诚感应福元疆。
三奇得使诚堪用，六甲遇之非小补。
乙归犬马丙鼠猴，六丁玉女骑龙虎。
又有三奇游六仪，号为玉女守门时。
甲子己卯并庚午，丙午丁酉乙卯期。
利作阴司和合事，宫庭宴乐迹堪为。
三奇人墓总非宜，作事此时防后危。
五不遇时尤可嗔，号为日月损明辰。
时干来克日干位，百事皆凶莫轻视。

逆顺直符统七神，地宜伏匿天扬兵。
太阴六合可回避，蛇运勾远出土争。
白虎西方凶杀神，玄武盗贼防征途。
难筹天乙六戊闭，急从神兮缓从门。
天三门兮地四户，问君此法居何处。
太冲小古与从魁，此是天门私出路。
地户除危定与开，作为动用从兹走。
太阴六合太常君，元是地私三吉门。
苦得奇门相照应，出门举事总欣欣。
大冲天马真为贵，有难从斯宜躲避。
若然采取天马行，虎豹交驰终不遇。
最吉奇门加太阴，三般难得总照临。
宫方得合亦为美，举措行藏必遂心。
六丙生门加六戊，此为天遁自分明。
开门六乙加六己，地遁如斯而已矣。
休门六合丁太阴，欲识人遁无遇此。
三遁须知百事宜，藏修隐影尤为美。
乙辛为龙休坎羽，龙遁之名居水委。
辛乙为虎生门谒，虎遁居山在长柄。
六乙加辛休门合，水气生风风遁威。
六乙加辛生更合，艮源坤土龙遁飞。
生临丙月九天上，神遁斯为福世熙。
六乙若然加九地，斯为鬼遁达幽机。
刑击六仪何大凶，值符刑处与时同。
子卯戌未申嫌虎，辰午自刑己午宫。
时日门星有伏吟，休加休上蓬加蓬。
惟当守己财货敛，妄动轻谋有害侵。
就中返吟子加午，尤嫌门符相对伍。
偏宜散恤发仓廪，动众兴工凶必阻。
奇门吉宿若加临，可免灾星福无补。
宫克门害为财多，门制宫分宫鬼迫。
吉门遇迫宜疾成，凶门遇迫凶莫测。
丙为悖逆庚加格，格则不通悖乱逆。
丙加日干及值符，忤逆纲纪应不饬。

庚加本岁月日时，俱名干格生灾隙。
六丙加寅荧入白，寇即欲去势可获。
六庚加丙白入荧，贼信方来势莫测。
庚加直符天乙伏，值符加庚天乙飞。
加一宫兮战在野，刑一宫兮防国持。
庚加癸兮防国持，癸加庚兮为大格。
加壬之时小格甲，加已为刑道路格。
日干加庚飞干推，更有一般时格者。
六庚慎勿加三奇，此时若动出行去。
匹马只轮无返期，六癸加丁蛇夭娇。
忧惶心事何时了，六丁加癸雀投江。
奸顽讼詈入公堂，六辛加乙虎猖狂。
恐惧身亲有损伤，六乙加辛龙逃走。
惊惶凛散财存否，龙回首兮甲加丙。
津津悦意应无朽，丙加甲兮鸟跌穴。
百为举动成功烈，天盘动用占为客。
地盘安静占主穴，细看星宫奇门知。
察其刑克吉凶决，分其日月旺休方。
更辨其方云气色，假如天蓬加九宫。
旺相之月在秋冬，喜逢癸壬亥子日。
北方黑气客有功，若还天英加一地。
冬时北方主反利，奇门星位仿此推。
人在时方分仔细，自寅至午五阳时。
甲乙丙丁戊合宜，先与出行为客胜。
利造姻宫并徙移，自未至亥为五阴。
已庚辛壬癸午寻，利主集谋修备用。
尤宜祷造与逃离，十干六甲为宗主。
上下交承开阖分，阳星加一宫开吉。
阴星一宫合事凶，甲孟宜贞仲利守。
官方加季吉序兴，作为进往凭天局。
基穴阴谋静地乖，若见三奇在五阳。
偏宜为客白高强，三奇若遇五阴上。
利宜为主志倘佯，三奇积蕴妙难言。
阴逆后占阳顺前，每时须别初中末。

总把值符分后先，乙德往来恍似神。
行逢酒馔市财陈，入官移娶皆宜客。
却忌鞭刑与怒嗔，丙子月奇天威叱。
火气销金兵不起，市贾入官行遇仙。
听无忧兮闻有喜，六丁玉女太阴精。
出入幽冥老不刑，谒请入官商娶吉。
半为忧喜利私营，六戊三门凶不起。
来龙万里谁呵止，犬马不鸣行客随。
市贾得财惊走否，已为六合起机谋。
隐匿如神天莫指，出入官行利百为。
惊逃凶去小人利，六庚加时绝五本。
强出遭凌入天狱，市贾道亡物有伤。
百宜固守斯为福，六辛出遇死尸陈。
强出天庭罪缚身，问疾官商婚姻忌。
自新利法罪刑人，壬是天牢强是焦。
邀遮却利亡与逃，病人进退存余喘。
官吏仇稽百事验，癸藏出入百忧煎。
利病逃亡与觅仙，遁迹隐形人莫晓。
病加沉重日缠绵。

白话译释

《玉册天元》一书所说确实都是至理明言，奇门遁甲术中的许多内容都是借助《洛书》展开说明的。

阴阳变化的规律是互为顺逆，即阴转化为阳，阳转化为阴，三五即十五之数错综即纵横交错加以安排，便构成九宫。

遁有三才即天遁、地遁、人遁，还有龙遁、虎遁、风遁、云遁、鬼遁、神遁。

生门与中宫相生，确定神煞方位后，按八卦原理排布休、生、万、杜、景、死、惊、开八门。奇门遁甲揭示宇宙运行规律，精通者可借此来趋吉避凶，甚至达到“乘虚飞升”的境界。通过遁甲盘推演，能谨慎选择行动时机，结合日月合朔等天象确定最佳占卜时间。此法用于出行、建筑、安葬等事皆有利，但古今罕有人能完全掌握其奥妙。

奇门遁甲术一千零八十局是上古智者黄帝轩辕氏所拟制的，到了汉代，

刘邦的谋士张子房即张良删繁就简，简化为十八局。此术智慧通神，能推演预测天地之间种种玄微和奥秘，四十八个格推测起来却很复杂。

今天按古代的说法把奇门遁甲术的内容加以罗列而成为一部书，并运用易经的象数原理揭示其精微含义。普通人不知如何推演，因而难以理解，一旦明白了其中规律，其神通简直可以登天。

九星中，天冲星、天辅星、天禽星、天任星、天心星，是最为吉利的星；乙、丙、丁三奇，如果相互加临，最为吉祥。

直符、直使害怕有星与之对冲，八门中的开门、休门、生门为上吉之门。

用时要看七十二候与二十四节，如果能遇三奇中的一奇，就宜于修墓安坟。

建房打基础、耕地锄杂草和出门经商，都可以用以上三吉门作为选择的方向。

千万不要多虑，不要怀疑，不要走回头路，只要心怀至诚，就会福分无边。

三奇得使格，诚然可以使用，六甲遇之益处不小。

乙奇加临戊午丙子申，六丁见辰寅。

又有三奇即乙、丙、丁游六仪即戊己庚辛壬癸，名为玉女守门格。

甲子、己卯和庚午，丙午、丁酉、乙卯等几个时辰。利于去做阴司和合之事，日后有幸成为朝廷重臣，经常参与宫庭宴乐。

三奇人墓格，无论干什么都不适宜，此时做事应当防备危险。

五不遇格尤为可怕，此格的特点是日月损伤星辰。

时干克日干之位，百事都凶，不可轻视。

直符在阴阳二遁中顺推逆行，统管七神，地遁宜于埋伏隐藏，天遁宜兴兵出征。

遇太阴、六合二星，可以回避；螣蛇运行勾陈远去，必有田地纠纷。

白虎是西方的凶煞之神，玄武是征途中的盗贼之星。

天乙、六戊见十二直中的闭，事事难成，应当紧追各神而慢从各门。

天三门、地四户，见此二格，应当居于什么方位呢？这需要仔细推敲一下。

太冲、小吉、从魁，这是天三门中的出路。

十二直中的除、危、定、开，是地四户中的出路。

太阴、六合、太常，原是地私门的三个吉门。

如果再得到奇门的照应，出门办事都吉利。

太冲、天马为真贵人星，如果有难，宜于从这里躲避。

如果从天马方向出行，什么险恶都不会遇到。

最吉的奇门加临太阴等，什么最难得吉事都会降临。

宫位得某星相会也是吉兆，无论干什么都会称心。

六丙合生门加临六戊，这是天遁。

开门合六乙加临六己，这是地遁。

休门合六丁加临太阴，这是人遁。

天遁、地遁、人遁宜于行百事，潜藏修练、隐匿形踪，尤其吉利。

乙辛为龙加临休门坎宫，这是龙遁。

辛乙为虎加临生门，这是虎遁。

六乙加临辛干与休门相合，这是风遁。

六乙加临辛干与生门相合，这是云遁。

生门加临丙月的九天星之上，这是神遁。

六乙加临九地星之上，这是鬼遁。

六仪击刑是大凶之格；直符受刑伤，也是大凶之格。子卯戌未申怕见寅来刑伤，辰午怕见己午来刑伤；时干、日干和八门都有伏吟格，休门加临休门之上，天蓬加临天蓬之上就是伏吟。

这时只应当居于己位，才利于发财致富，如果轻举妄动必有灾害。

子宫加临午宫，为返吟，此格最怕八门与直符相对冲。此时最宜于开仓救济穷苦百姓，如果动土兴工即建房造坟等等，必有凶险。

奇门如果有吉星加临，可以免灾，但也不会获福。

宫克门可以多得钱财，门制宫则不利。

古门遇迫却主生疾病，凶门遇迫更是其凶无比，不可预测。

丙加庚为悖格，主战乱。

丙加日干和直符，主违犯纲纪，政局不稳。

庚加本年的年干、月干、日干、时干，都叫伏干格，主灾害。

六丙加寅，为荧入太白，主擒获敌寇。

六庚加丙，为太白入荧，主贼寇来犯，局势不可预测。

六庚加直符，为伏宫格；直符加六庚，为飞官格。

若加临到另一宫位，主战事将在郊野爆发；若宫位间出现刑克，需防备国家局势动荡。六庚加六癸，需警惕国家层面的危机。

六癸加六庚为大格，加六壬为小格，加六己为刑格。

日干加六庚，为飞干格，又称时格。

六庚不可加三奇，此时不出兵，否则必败。

六癸加六丁，为螣蛇天矫格，主惊恐。

六丁加六癸，为朱雀投江，主吃官司。

六辛加六乙，为白虎猖狂，主恐惧，自身和亲戚受损伤。

六乙加六辛，为青龙逃走，主破财。

六甲加六丙，为青龙返首，主财产无亏。

六丙加六甲，为飞鸟跌穴，主百事成功。

天盘动用为客方，地盘安静为主方。

占测时要细看星宫和奇门的情况，主要是根据刑克关系来判断吉凶。

另外还要看日、月处于旺、相、休、囚、死、绝中的哪一种状态，更要辨别此方的气色。

假如天蓬星加临离九宫，旺、相之月是在秋、冬二季。

喜逢癸壬亥子日，北方气呈黑色，客方成功得胜。

如果天英星加临坎一宫，冬季北方对主方有利。

其他奇门星位都仿此类推，人所在的时间和方位要看清楚。从寅位到午位是五个阳时，甲乙丙丁戊宜与之相合。此时先动而出行为客方，必获胜利，并宜于修造、婚姻、做官和迁移。

从未位到亥位为五个阴时，此时要看己庚辛壬癸午各位。宜于主方设定计谋、准备出战，尤其宜于祈祷鬼神、修造和逃亡、出走。

十干之中，六甲为宗主，它有上下交承开阖等情况。

阳星加临坎一宫逢开为吉，阴星加临坎一宫逢开则事事凶险。

孟甲宜于安静不动，仲甲利于坚守不出，季甲则宜于兴兵征战，可以获吉。

欲采取行动要看天盘，想安静则要看地盘。

如果见三奇在五阳之位，宜于为客方，这样则居位高强。

如果三奇在五阴之位，则宜于为主方，这样则可以志得意满。

三奇的深刻含义极为玄妙，难以言说，阴遁逆推在后，阳遁顺推在前。

每个时令都分初中末三段，直符总量分先后。

乙德往来其妙如神，出行遇之有酒食之福和财利之喜。

入此方位宜于为客方，利于迁移和婚嫁，但是不宜动刑、发怒。

丙子月奇有天威，因为火克金，所以人不宜出兵打仗。

但是入此宫，如果外出经商谋财，则会大发其财，处处、事事见喜。

六丁玉女受太阴之精的仿护，纵然出入险境也无妨；入此宫位，拜谒贵人、请托权责、外出经商、男婚女嫁，都吉利。但私下谋求则半忧半喜。

六戊加临震三宫无凶，诸事顺利，经商财发，产业兴旺。

绵延万里的龙脉，何人能阻断其运行？犬马寂静无声，旅人却自然跟随。商人突然获利后惶恐逃离，此兆吉凶难定。

六己见六合神宜于设定计谋，隐匿不出其妙如神，事事顺利。

六庚加临六合神，强行出征会受伤害，只有固守不动才有利有福。

六辛加临六合神，外出有死亡之灾，或获罪被囚，无论干什么都不利。

六壬加临六合神为天牢，利于隐蔽不出和逃亡。

六癸加临六合，百事可忧，利于逃亡求仙，遁迹隐形。

九星吉凶诗诀

天蓬主事异秋冬，用讼安边春夏功，
嫁娶俱亡移徙火，入官险道门逢凶，
贾商埋葬居行否，相会奇门略少通。
天任之宿属星仪，百事求谋利四时，
造葬入官并清谒，行商娶祀吉迁移，
主边更喜气神旺，来发机缘客已危。
天冲报怨趁春温，万里威风胆气雄。
不利秋冬春夏胜，商贾行徙入官迍，
造葬修方娶产难，须知万物来逢春。
天辅修身利造营，征赢春夏地门平，
罪刑此出逢天赦，远出居官功亦成，
嫁娶多儿增利市，谒求移徙却无情。
天英之宿是天衢，远行饮宴乐愉愉，
出入葬埋宜嫁娶，徙官筑室祀商违，
主令慎勿轻加客，彼若末攻自取危。
芮星接道结交宜，作事征行不必为。
盗贼忧惊伤小口，灾刑因事被官羁。
大凶春夏秋冬吉，纵得奇门福亦亏。
天禽中主四时通，硬冲坚大有奇功，
宜用智谋机活伏，祭神感应上官亨，
商贾嫁娶行修造，奇门如到尽亨通。
天柱山方修造良，祀神嫁娶亦生光，
藏形谨守斯为美，移徙征行却受殃，
营谋不善如轻动，妄行相交主中伤。
心宿星机神道辉，求仙合病百为宜，
入官嫁娶及移徙，造葬征行祭祀时，
泰在秋冬春夏日，利加君子小人危。

白话译释

天蓬星

天蓬星主事时吉凶在秋季和冬季各不相同，而在春季和夏季则宜于打官司和守边疆。

嫁娶新郎新娘都将死亡，迁移则会遭火灾，做官则仕途凶险。

经商求财、埋葬死人、居家、出行都不吉利，但与奇门相会则会略微通达些。

天任星

天任星属星仪，一年四季，无论干什么都吉利。

造墓修坟，做官晋职，向权贵求情，外出经商，男婚女嫁，祭祀鬼神，迁移，都吉利。

气神都旺，宜于镇守边疆，是保卫国家的良机。

天冲星

天冲星宜于趁春季报怨仇，会有威风和胆气。

一年四季都不利于打仗取胜，经商、出行、迁移、做官都不顺利。

造墓修坟、娶妻生子都有灾难，但在春天则吉利。

天辅星

天辅星利于修身和营造房屋，春夏在地盘逢吉门则利于征战，必定获胜。

判罪受刑逢天赦星，外出远行、做官，都会成功。

嫁娶之后多子，经商会发财，但是走权贵的门路求得好处以及迁移，都不吉利。

天英星

大英星又名天衢星，外出远行、饮宴都吉利。

宜于外出、埋葬死人、嫁娶，但是迁移、做官、建房、祭扫、经商则不利。

主方千万不要轻率主动攻击敌方，因为敌方如果不来攻击而主方却主动行动会自招灾危。

天芮星

逢天芮星宜于读书交友，不可出征打仗。遭盗贼、受优惊，伤小儿，被官府扣押。春夏做事大凶，秋冬做事大吉，纵然得奇门也会损伤福气。

天禽星

天禽星主一年四季做事顺利，主动出击会建奇功、应当运用智谋，伺机埋伏，如果祭神会官运亨通；如果见奇门，经商、嫁娶、修造，也都亨通。

天柱星

天柱星宜于修造，祭祀神灵、嫁娶也吉利。隐藏、固守对打仗有利，迁移出击却有灾殃。谋划不同而轻举妄动，主方会受损伤。

天心星

天心星是吉星，求仙配药事事吉利。做官、嫁娶、迁移，造坟葬人、出征，祭祀都吉利。一年四季都吉，有利于君子，不利于小人。

八门吉凶诗诀

休门九九气盈室，富贵子孙田土吉，
祭祀修营入宅基，赴官迁徙事周悉，
产招难绝入兴隆，北旺冬时数六一，
南北婚姻有远亲，送来六畜增官秩。
生门八八气盈星，凶煞音降尊土精，
因待女财人寄物，从兹致富于孙兴，
三年定有贵儿产，出入外州众货盈，
嫁娶种前并造作，消灾发福有奇灵。
伤门气短数三三，寅卯旺方音角间，
渔猎捕征侵索债，更宜赌博追亡还，
官司口舌重丧至，六畜遭瘟火盗艰，
夫妇血光灾眼症，三旬产厄祸力残，
刑名死以兼疯疾，蛇虎伤人居不安。
杜门四四星凶恶，木星时方寅卯泊，
闭提绝水是封陪，追邪伐盗并勾捉，
出亡逃难断欲宜，隐伏邀遮俱可托，
去佞运藏理闭藏，克维阴私能久约，
用动似防盗贼侵，官刑财散瘟疫伤，
蛇伤雷打疥疮脓，焚廪人亡家退落。
景门九九紫气盈，巳午旺南寅戌结，
遣使上书能解危，求谋修造访寻谒，
埋葬嫁娶吉中斗，给赏吏人如手提，
献策求名墀陛亲，举科选士藻文洁。
死门一二凶星逆，戊己坤艮方位即，

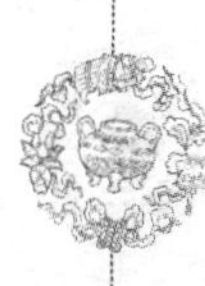

穿猎渔网刑戮宜，送丧吊死葬埋益，
修营妨长及平房，忤逆重丧亡产憾，
所求不利不宜用，动见败亡官落职。
惊门无化气为逆，旺在庚申辛酉地，
罗网张疑立狱讼，攻门刑击一齐到，
逃亡掩捕得功能，贾市营修皆可忌，
致讼虚击疾疫兴，败囚军贼牛羊毙。
开门立立气营奇，谒贵求谋利有为，
立宅扦修官职进，外来财帛马牛肥，
蜂蜜窖治发横财，富盛子孙利名齐，
金上庚辛秋月旺，奴田畜产贾商宜。

白话译释

休门

休门是吉门，子孙富贵、田地增加，吉利。

祭祀，修造，买宅舍，上官赴任，迁移，事事顺利。

家财丰盛、兴隆，北方冬季多吉。

四方都宜于男婚女嫁，得到六畜，官位晋升。

生门

生门是吉门，受土精的佑护，居艮八宫。

得到女人之财、他人之物，从此致富，子孙兴旺。

三年之后一定会喜得贵子，外出经商发财致富。

宜于嫁娶、播种、造作房子和器物，有灾自消，有福可发，灵验之极。

伤门

伤门是凶门，居于寅卯旺方、震三宫。

宜于捕鱼打猎、捕捉罪犯、出兵征讨和索债，更宜于赌博、追捕逃跑者。

吃官司、遭凶丧，六畜染上瘟疫，家宅失火，财产被盗。

夫妇都有血光之灾或患眼病，生孩子小难产，甚至有刀兵之祸。

受刑而死，或患疯病，并有毒蛇、猛虎伤人之灾。

杜门

杜门居巽四宫，是凶门，与木星和寅干、卯干同位。

宜于追捕邪恶、征伐盗寇和捉拿罪犯。

宜于出亡、逃难，隐伏潜藏都会平安无事。

远离花言巧语的小人，闭门不出，不搞阴谋诡计，会有好处。

应当严防遭盗贼侵犯，和官刑、破财、瘟疫的伤害。

有毒蛇伤人、雷电伤人、生疥疮、粮仓被火焚烧、人亡家败之凶祸。

景门

景门是吉门，巳午寅戌时旺于南方。

派遣使者、上书言事能解除危难，来谋财利、修造宅舍和器物、寻访朋友、投靠权贵，都可获吉。

送葬、嫁娶吉利，小吏有受赏之惠。

向朝廷献策求名可做官，举科选士时会因文章优秀而中选。

死门

死门是凶门，居戊己之时、坤艮之位。

宜于打猎、捕鱼、行刑，和送丧、吊唁、埋葬。

不宜修建营造宅舍，否则克妨尊长，有儿子忤逆不孝、凶丧、产妇生孩子死亡等凶险。

经常有败亡、丢官之灾，无论干什么都不利，因此不宜动用死门。

惊门

惊门是凶门，庚申辛酉之位为其旺地。

遇惊门有坐牢、判刑之灾，各种凶祸一齐降临。逃亡、捕捉能成功，做生意、建宅舍则都犯忌。吃官司、生瘟疫，打败仗被俘被囚。牛羊死亡等灾祸会接连而至。

开门

开门是吉门，投靠权贵、谋求一官半职都会得利。立宅造房、升官晋级，得到外来财帛，马牛肥壮，能享富贵。因养蜂酿酒而大发横财，家业富盛，子孙满堂，既有名又有利。旺于秋季庚辛之位，奴婢、六畜、田产、生意都会兴旺。

日家奇门九星

更有太乙九星位，冬至艮宫夏坤地。

命起甲子顺逆行，本日住宫太乙位。

太乙求财万事通，摄提门打闹丛中。

轩辕出入多惊恐，招摇到处血光红。

天符打围射猎吉，青龙觅利喜重重。

咸池所至主官司，太阴伏处暗财丰。

天乙贵人宜酒食，九星应验最通天。

最贵亭亭星最宜，击向冲兼及亭亭。

月将加时神后是，生神背向一般穷。

天之好神白奸位，格在寅申合巳亥由亭亭而及白奸。

月将加时求孟神，亥寅巳申合孟异。

旬里孤皆壬癸方，所对之方是虚位。

皆孤击虚虚用奸，女流可当百夫气由白奸而论孤虚。

白话译释

太乙之位，冬至在艮宫，夏至在坤宫。

起甲子阳遁顺推、阴遁逆推，本日就居太乙之位。

太乙主求财、做官等万事亨通，摄提则主打闹、殴斗。

轩辕主出入多有令人惊恐之事，而招摇则主凶杀、火灾。

天符主打猎吉利，必有所获，青龙主求财谋利喜事重重，必发大财。

咸池主官司，不吉，太阴主地下财宝丰足。

天乙贵人主酒食之相，只要九星应验就能预知吉凶。

亭亭星最尊贵最宜人，对冲之处就是它的位置，具体地说，亭亭星在月将加时之后，则主运势衰败。

将月将加临于具体时辰之上，以此来推求孟神的位置。

亥寅巳申相合与其他地支存在差异。

白奸是好神即吉星，寅申合巳亥之处就是它的位置。

旬中的壬癸之方是白奸的孤住，对冲之方则是白奸的虚位。

孤击虚，虚时用白奸，女人逢之有百夫之勇力。